O BRASIL MUDOU MAIS DO QUE VOCÊ PENSA

O BRASIL MUDOU MAIS DO QUE VOCÊ PENSA

UM NOVO OLHAR SOBRE AS TRANSFORMAÇÕES NAS CLASSES CDE

FGV EDITORA

Copyright © 2018 Lauro Gonzalez, Maurício de Almeida Prado, Mariel Deak

FGV EDITORA
Rua Jornalista Orlando Dantas, 37
22231-010 | Rio de Janeiro, RJ | Brasil
Tels.: 0800-021-7777 | 21-3799-4427
Fax: 21-3799-4430
editora@fgv.br | pedidoseditora@fgv.br
www.fgv.br/editora

Impresso no Brasil | *Printed in Brazil*

Todos os direitos reservados. A reprodução não autorizada desta publicação, no todo ou em parte, constitui violação do copyright (Lei nº 9.610/98).

Os conceitos emitidos neste livro são de inteira responsabilidade dos autores.

1ª edição — 2018

Preparação de originais: Ronald Polito
Revisão: Aleidis de Beltran
Projeto gráfico, diagramação: Mari Taboada
Capa: Studio 513

Ficha catalográfica elaborada pela Biblioteca Mario Henrique Simonsen/FGV

> O Brasil mudou mais do que você pensa : um novo olhar sobre as transformações nas classes CDE / Lauro Gonzalez, Maurício de Almeida Prado, Mariel Deak, Organização. – Rio de Janeiro : FGV Editora, 2018.
> 200 p.
>
> Inclui bibliografia.
> ISBN: 978-85-225-2084-8
>
> 1. Pobres. 2. Inclusão social. 3. Educação e Estado. 4. Política habitacional. 5. Política social. 6. Microfinanças. 7. Consumidores de baixa renda. 8. Inclusão digital. I. Gonzalez, Lauro. II. Prado, Maurício Almeida. III. Deak, Mariel. IV. Fundação Getulio Vargas.
>
> CDD – 332.743

SUMÁRIO

INTRODUÇÃO 7
    Organizadores

1. EDUCAÇÃO NAS CLASSES CDE 13
    Rafael Camelo
    Mariel Deak
    Veveu Arruda

2. HABITAÇÃO 47
    Lauro Gonzalez
    Mariel Deak

3. RENDA E POSSE DE BENS 87
    Mariel Deak

4. INCLUSÃO FINANCEIRA 121
    Lauro Gonzalez
    Mariel Deak

5. DIGITALIZAÇÃO 167
    Maurício de Almeida Prado
    Breno Barlach
    Mariel Deak

SOBRE OS AUTORES 197
AGRADECIMENTOS 199

INTRODUÇÃO

O país do futuro que nunca chega (Stefan Zweig). O Brasil dá um passo para a frente e dois para trás. O país que não perde a oportunidade de perder oportunidades (Roberto Campos). Nunca saímos do lugar.

Essas são algumas das frases recorrentes para descrever uma percepção generalizada sobre a estagnação de nosso país. Para grande parte da população, não evoluímos. Ou, quando evoluímos um pouco, logo em seguida enfrentamos uma crise na qual tudo volta atrás e todas as conquistas parecem perdidas.

Esse sentimento de estagnação e atraso é amplificado em momentos de crise econômica, quando o pessimismo se torna sentimento predominante e a sensação geral é de perda de bem-estar. Nesses momentos, fica mais difícil a compreensão do processo de evolução do país com certo distanciamento e uma perspectiva de longo prazo.

A ideia deste livro nasce do trabalho de muitos anos de pesquisadores do Centro de Estudos em Microfinanças e Inclusão Financeira (GVcemif) da FGV e do Instituto Plano CDE com a população das classes CDE. Ao acompanhar as mudanças na vida dessas famílias, tanto por meio de entrevistas *in loco* quanto de análises de dados quantitativos, notamos grandes transformações e mudança de comportamento. A constatação de que essas mudanças positivas são pouco conhecidas de grande parcela da população foi o principal motivador para a realização desta publicação.

Ademais, nossa análise envolve um período histórico relativamente longo, de 1995 a 2015, e acreditamos que as mudanças positivas aqui abordadas representam o alcance de novos patamares, sendo estruturais nesse sentido. A crise atual, embora traga desalento e tenha efeitos conjunturais negativos, não alterou o fato de que novos patamares foram alcançados pelas classes CDE. Por exemplo, o aumento da escolaridade das classes CDE não se perde com a crise. Ou ainda o fato de que a posse de certos bens duráveis e o acesso a crédito podem aumentar a resiliência à crise.

Apesar de o recorte do livro tratar das mudanças positivas para as classes CDE, não ignoramos que o Brasil ainda tem um enorme caminho a trilhar rumo a uma situação de melhor qualidade de vida para sua população. Em nenhum momento defendemos que os problemas já estão solucionados, inclusive nos temas especificamente abordados. O leitor notará isso claramente ao longo dos capítulos. Além disso, os temas foram escolhidos a partir da experiência de pesquisa dos autores envolvidos. Tópicos fundamentais para o Brasil de hoje, tais como a violência e a falta de segurança, não fizeram parte da nossa análise.

Isso posto, os cinco temas aqui abordados são: educação, habitação, posse de bens, inclusão financeira e digitalização. Cada tema corresponde a um capítulo, que será dividido em quatro partes: "O que mudou" apresenta, por meio de diversos dados disponíveis, as principais transformações de cada tema; "Por que mudou" analisa os dados apresentados e busca explicar as políticas públicas e os movimentos de mercado que engendraram as transformações; "Os efeitos na vida das famílias" traz histórias de vida que mostram as mudanças ocorridas dentro dos lares; e "Desafios para o futuro" busca sucintamente levantar as principais questões a enfrentar e recomendações de cada tema.

Os autores, apesar do denominador comum da experiência em pesquisa envolvendo as classes CDE, têm formações acadêmicas variadas, o que propicia a utilização de diversas lentes de análise ao longo dos capítulos. Acreditamos que essa diversidade contribui para o propósito do livro ao permitir olhares diferentes sobre as transformações ocorridas ao longo do período analisado.

A análise de dados quantitativos foi baseada em diversas fontes e tem como eixo central os números da Pesquisa Nacional por Amostra de Domicílios (Pnad) do IBGE. O período de 1995 a 2015 foi selecionado pela disponibilidade de dados e por permitir fazer uma comparação da evolução da vida das famílias nos diversos tópicos.

Entendemos que as mudanças ocorridas nesse período são uma precondição para a resolução de outras questões muito importantes. Se o Brasil quase não evoluiu em produtividade do trabalho nesse período, isto está relacionado, entre outras coisas, com o nosso atraso em resolver as questões básicas da educação. Porém, para resolver as questões da educação, primeiro precisávamos incluir todos: só muito recentemente atingimos indicadores aceitáveis de universalização do ensino para então começar a focar a melhoria de sua qualidade.

Cabe ressaltar ainda que nosso objetivo não foi uma análise comparativa mostrando a trajetória do Brasil *vis-à-vis* outros países. Sabemos que certos países, nos quais há algumas poucas décadas havia indicadores semelhantes aos nossos, entraram em uma rota sustentada de desenvolvimento muito antes do período aqui analisado para o contexto brasileiro e hoje se encontram em uma situação superior. Os casos chileno e sul-coreano são sempre lembrados.

Em educação, por exemplo, dados da Unesco mostram que em 1990 os países da América do Norte, Europa Ocidental e Leste Asiático já tinham taxas de frequência à educação primária acima de 96%, isto é, ensino primário virtualmente universalizado.[1] No mesmo ano, segundo dados do IBGE, a frequência ao ensino primário no Brasil era de 80% para a população em geral e 73,3% para domicílio com renda *per capita* de até um salário mínimo. A universalização da educação primária no Brasil só foi alcançada no final dos anos 1990 e início dos 2000.

Entretanto, a evidência de que vários países largaram na frente na corrida do desenvolvimento não anula o fato que, em 1995, o Brasil estava em um patamar muito inferior. A pré-escola e o ensino médio eram uma realidade apenas para as classes AB, assim como o acesso ao ensino superior. Menos de 20% dos domicílios possuíam telefone, e nas classes CDE esse índice era de menos de 5%. O acesso à informação para grande parte das famílias era limitado aos telejornais de poucos canais de TV aberta. A máquina de lavar (e até mesmo a geladeira) era item possuído apenas pela elite. O emprego com carteira assinada era raro nas classes baixas, assim como o acesso a uma conta-corrente. Os domicílios eram menores, com mais moradores por cômodo, e havia mais moradias com acabamentos precários.

---

[1] Dados constam no relatório: <www.ide.go.jp/library/English/Publish/Download/Report/2005/pdf/2005_04_15_00.pdf>.

O que são as classes CDE?

Classificar uma população em grupos socioeconômicos não é tarefa fácil. Podem-se adotar critérios econômicos, demográficos, culturais, étnicos e ainda assim não seríamos capazes de chegar a uma estratificação definitiva de uma sociedade.

Não obstante a complexidade desse tema, que perpassa as diversas ciências sociais, este livro adota um critério estritamente econômico para definir as classes CDE: a renda domiciliar *per capita*. São três as justificativas para tal escolha:

1. É um critério numérico claro, transparente, que facilita a comunicação e o entendimento sobre quem é o público-alvo deste livro;
2. A renda domiciliar é uma das *proxies* mais importantes (embora não seja única) das condições de vida das famílias;
3. É uma variável que consta em toda a série histórica da Pnad, que é a principal (mais confiável e constante) fonte de dados sobre as condições de vida dos domicílios brasileiros.

Este livro chama de classes CDE os indivíduos com renda domiciliar *per capita* abaixo de um salário mínimo, e — a fim de estabelecer algumas comparações mais detalhadas — consideramos classe C as pessoas com renda *per capita* de meio a um salário mínimo e classes DE aquelas com renda *per capita* abaixo de meio salário mínimo. Por construção, chamamos de classes AB os indivíduos com renda domiciliar *per capita* acima de um salário mínimo. A tabela seguinte mostra alguns dados sobre essas classes CDE segundo os dados de 2015 (mais atuais da série analisada).

As classes CDE concentravam, em 2015, 52,6% dos domicílios brasileiros, 53,3% das famílias e 59% da população. Isso equivale a dizer que as classes CDE deste livro representavam 117,5 milhões de pessoas que viviam em domicílios com renda média de R$ 1.484, o que equivale a uma renda de R$ 456 por pessoa, em média.

A título de comparação com os critérios de estratificação socioeconômica mais usados no país, as classes CDE deste livro aproximam-se, em termos de renda domiciliar ou familiar, das classes C2 e DE do critério da Associação

Domicílios, famílias e população por classe e renda das classes CDE – Brasil (2015)

Domicílios	
Classes DE (renda domiciliar *per capita* de até 1/2 SM)	14.743.549
Classes C (renda domiciliar *per capita* de até 1 SM)	20.335.601
Classes AB (renda domiciliar *per capita* de mais de 1 SM)	31.606.392
Famílias	
Classes DE (renda domiciliar *per capita* de até 1/2 SM)	15.720.546
Classes C (renda domiciliar *per capita* de até 1 SM)	21.445.392
Classes AB (renda domiciliar *per capita* de mais de 1 SM)	32.500.483
População	
Classes DE (renda domiciliar *per capita* de até 1/2 SM)	55.431.382
Classes C (renda domiciliar *per capita* de até 1 SM)	62.057.748
Classes AB (renda domiciliar *per capita* de mais de 1 SM)	81.525.806
Renda (em reais de 2015)	
Renda domiciliar média das classes CDE	R$ 1.484,92
Renda familiar média das classes CDE	R$ 1.346,99
Renda domiciliar *per capita* média das classes CDE	R$ 456,42

Brasileira de Empresas de Pesquisa (Abep) e ficam próximas das classes baixa e baixa média do critério da Secretaria de Assuntos Estratégicos (SAE).

O critério da Abep (chamado Critério Brasil) é uma classificação que procura segmentar a população em termos de seu poder de compra usando como *proxies* a posse de bens duráveis, o acesso a serviços de água, energia e asfaltamento, além da escolaridade do chefe da família.[2] A metodologia de classificação cria seis estratificações (A, B1, B2, C1, C2, DE). A versão mais atual do Critério Brasil é de 2016, usando dados da Pnad 2014, e mostra que as classes C2 e DE, juntas, tinham renda domiciliar média de R$ 1.258, uma diferença de R$ 155 em relação à renda média das classes CDE tratadas aqui.

---

[2] Para saber mais sobre a metodologia do Critério Brasil, acesse: <www.abep.org/criterio--brasil>.

Já o critério da SAE (secretaria ligada à Presidência da República) é resultado de um esforço do governo federal para criar uma definição para a classe média brasileira. Para isso, a equipe da SAE desenvolveu, com acompanhamento de uma série de especialistas externos, um critério de classificação baseado em renda domiciliar *per capita*, tendo como pontos de partida critérios relacionados com consumo de calorias, padrão de despesas das famílias, entre outros.[3] Ao fim, chegou-se a uma classificação com oito categorias: três na classe baixa (extremamente pobres, pobres e vulneráveis), três na classe média (baixa classe média, média classe média e alta classe média) e duas na classe alta (baixa classe alta e alta classe alta). O critério da SAE foi desenvolvido em 2012, com base nos dados da Pnad até 2009, e as três categorias da classe baixa mais a baixa classe média tinham, juntas, em valores de 2012, renda familiar média de R$ 1.046, cerca de R$ 45 abaixo da renda familiar média das classes CDE deste livro.

Não obstante as diferenças de metodologia e de finalidade de cada critério, as comparações permitem notar que o corte de renda domiciliar *per capita* adotado aqui possibilita delinear a parcela inegavelmente mais vulnerável de nossa sociedade, ao menos do ponto de vista econômico.

Apesar dos números das análises apresentadas, consideramos que os verdadeiros ganhos são sentidos no dia a dia das famílias. As histórias dos efeitos das mudanças descritas na vida da população CDE reforçam a certeza de que é hora de um olhar de longo prazo sobre as transformações pelas quais o Brasil passou e continua passando.

De fato, os números de 1995 mostram que o país começou a resolver alguns de seus problemas básicos muito tardiamente. Isso é ainda mais evidente para as famílias vulneráveis. Nossos problemas são imensos, mas olhando especificamente para os temas aqui apresentados, os dados e as histórias deste livro permitem uma inusitada afirmação: talvez nunca estivemos tão bem.

Organizadores

---

[3] Para saber mais sobre a metodologia do Critério SAE, acesse: <https://pt.slideshare.net/saepr/relatrio-para-definio-da-classe-mdia-no-brasil>.

CAPÍTULO 1
EDUCAÇÃO NAS CLASSES CDE

Rafael Camelo
Mariel Deak
Veveu Arruda

A EDUCAÇÃO É, CERTAMENTE, a mudança mais estruturante que aconteceu nas classes CDE nas últimas décadas. Isso porque ela afeta de maneira transversal os demais temas deste livro.

É largamente reconhecido que mais e melhor educação gera mais e melhores oportunidades de trabalho, promovendo, então, aumento de renda e acesso a diversos bens e serviços que levam bem-estar às famílias. Além disso, a educação também promove aumento de produtividade geral da economia, que é o principal motor de crescimento de longo prazo. Dito de outra forma, a educação é a mais sustentável das políticas de promoção de crescimento de renda e redução das desigualdades. E, mais do que os aspectos puramente econômicos, ela também está associada a uma série de outros impactos positivos sobre a qualidade de vida de uma sociedade, como redução da violência e aumento da cidadania etc.

A educação, no entanto, é um campo muito complexo para atuação das políticas públicas, pois requer alto investimento, traz retornos em médio e longo prazos e depende de fatores fora do controle do poder público. Soma-se a isso o fato de o Brasil ter começado a priorizá-la muito tardiamente, não apenas se comparado aos países mais desenvolvidos, mas também na comparação com países vizinhos como Argentina e Chile.

Por essa razão, os últimos 20 anos trouxeram para as classes CDE conquistas educacionais ainda muito básicas (acesso, permanência e conclusão), mas que são precondições para alcançarmos o patamar de desenvolvimento educacional de outros países. Isto é, considerando o atraso educacional brasileiro — especialmente entre as famílias mais vulneráveis —, a evolução dos últimos anos pode ser considerada o primeiro passo para que as famílias CDE possam colher os inúmeros benefícios de uma boa educação.

Embora o caminho para a superação de nossos atrasos educacionais seja longo e árduo, é importante destacar as conquistas que observamos na população mais vulnerável do país nos últimos anos. Este capítulo trata justamente dessas conquistas.

Reconhecemos que os dados de evolução da educação das classes CDE não se esgotam no que apresentamos neste capítulo, mas decidimos privilegiar três recortes: inclusão/acesso, permanência e conclusão. São três recortes que evoluíram de forma mais expressiva entre as famílias CDE e cujos impactos positivos são mais claros.

O capítulo se inicia expondo a evolução desses três recortes, de 1995 a 2015, e em seguida explica as principais políticas públicas que contribuíram para essa evolução, com foco nas políticas federais, mas também dando destaque ao caso de Sobral, que demonstra a importância das políticas estaduais e municipais para a melhoria da educação. Então, trazemos três casos para ilustrar como essas mudanças impactaram as vidas de famílias CDE. Por fim, o capítulo levanta uma série de desafios que a educação brasileira ainda precisa superar para que as classes CDE ainda continuem a colher seus benefícios.

1. O que mudou?

Inclusão

Uma primeira mudança importante na educação das classes CDE nos últimos 20 anos foi a melhoria na inclusão. Nesse período vimos cada vez mais crianças, jovens e adultos CDE acessando educação pública e privada, do ensino infantil ao superior.

O gráfico 1 mostra como evoluiu o acesso à educação para crianças de seis a 14 anos — idade de frequência no ensino fundamental — por meio da taxa de atendimento escolar (percentual de pessoas em determinada faixa etária que frequentam escola). Em 1995, 89% das crianças de seis a 14 anos de classe C e 81% das classes DE estavam na escola, ao passo que nas classes AB 96% das crianças dessa faixa etária já estudavam. Isto significa que, 20 anos atrás, enquanto a educação fundamental estava praticamente universalizada nas classes AB, quase 3 milhões de crianças CDE de seis a 14 anos ainda estavam fora da escola.

GRÁFICO 1. **Taxa de atendimento escolar de seis a 14 anos por classe — Brasil (1995-2015)**

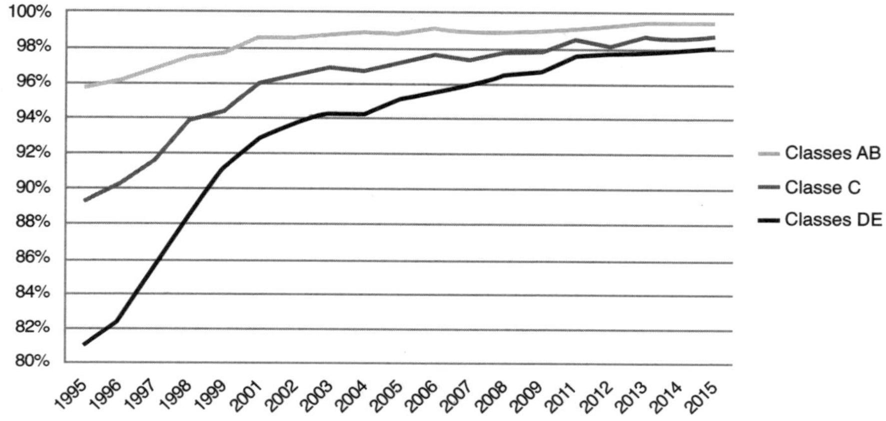

[Gráfico de linhas mostrando taxas de atendimento escolar de 1995 a 2015 para Classes AB, Classe C e Classes DE]

Fonte: Pnad/IBGE.

A inclusão das crianças mais vulneráveis no ensino fundamental evoluiu desde 1995 até se alcançar a universalização (taxa de atendimento maior ou igual a 97%) para a classe C (em 2003) e mais tarde para as classes DE (em 2008). Em 2015, 98% das crianças de seis a 14 anos das classes DE e 99% das de classe C frequentavam escola. Isso significa um contingente de 20,3 milhões de alunos CDE nessa faixa etária.

É importante ressaltar que, embora a segunda metade dos anos 1990 seja um período importante de consolidação da universalização do ensino fundamental, o processo de expansão dessa etapa é anterior. Para se ter uma ideia, nos anos 1950 a taxa de atendimento escolar de sete a 14 anos era de 36% e já no final dos anos 1980 essa taxa já havia se expandido para mais de 80%. O que a expansão dos últimos 20 anos traz de novidade é preocupação com a equidade, isto é, o Estado passou a se preocupar mais ativamente com o acesso à educação de populações mais pobres. No gráfico 1, e em outros dados que analisaremos mais adiante, é possível notar claramente a redução na desigualdade de acesso.

As classes CDE também experimentaram uma expansão do acesso à pré-escola. O gráfico 2 mostra que a taxa de frequência escolar na faixa de quatro a cinco anos vem crescendo desde 1995, embora o início da esco-

GRÁFICO 2. **Taxa de atendimento escolar de quatro a cinco anos por classe — Brasil (1995-2015)**

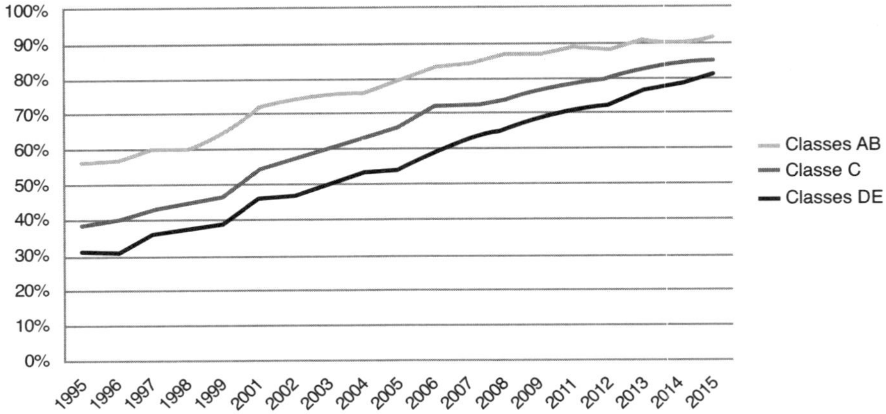

Gráfico de linhas mostrando a evolução da taxa de atendimento escolar entre 1995 e 2015 para Classes AB, Classe C e Classes DE.

Fonte: Pnad/IBGE.

laridade obrigatória aos quatro anos só tenha sido estabelecido em 2009, a partir da Emenda Constitucional nº 59. Em 1995, menos de 40% das crianças CDE de quatro a cinco anos estavam na escola, o que significa que deixávamos de fora um total de 2,5 milhões de crianças CDE.

A inclusão dessas crianças na pré-escola evoluiu ao longo de 20 anos de tal forma que, em 2015, 84% das crianças de quatro e cinco anos de classe C e 81% das de classes DE já frequentavam pré-escola. No total, 3,3 milhões de crianças CDE frequentavam pré-escola em 2015.

A tendência é que esse processo de inclusão na pré-escola continue pelos próximos anos de forma "natural". Isso porque o Brasil passa por transição demográfica que vem reduzindo o número de crianças, em geral, e nas classes CDE, em especial. O número de crianças CDE de quatro e cinco anos cresce até 2005, quando alcança um total de 5 milhões, e vem caindo desde então, chegando a 3,9 milhões de crianças em 2015.

O acesso à educação dos jovens CDE também se expandiu nos últimos 20 anos. O gráfico 3 mostra que, em 1995, 54% dos jovens de 15 a 17 anos de classes DE e 61% dos de classe C frequentavam escola (independente da etapa). Essa taxa de atendimento entre os jovens CDE cresceu nas últimas décadas, especialmente até o final dos anos 1990, quando o

GRÁFICO 3. **Taxa de atendimento escolar de 15 a 17 anos por classe — Brasil (1995-2015)**

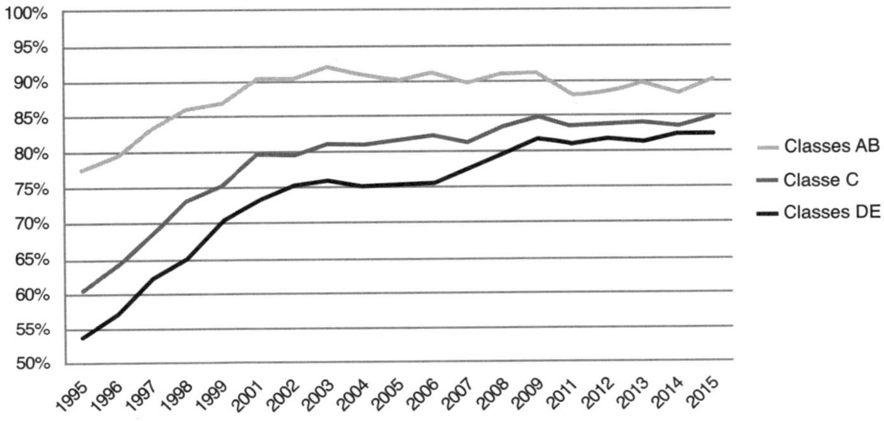

— Classes AB
— Classe C
— Classes DE

Fonte: Pnad/IBGE.

atendimento alcançou a casa de 70%. Nos anos 2000, o acesso continuou melhorando em ritmo mais lento até chegar a 82% para as classes DE e 85% para a classe C.

Em 1995, 3 milhões de jovens CDE de 15 a 17 anos estudavam e outros 2,3 milhões ainda estavam fora da escola. Em 2015, o cenário mudam: 6,4 milhões de jovens CDE na escola e 1,3 milhão fora da escola.

O padrão do gráfico 3 para os últimos anos da série de dados traz uma discussão importante sobre a continuidade da inclusão de mais jovens na escola. É possível notar que, para as classes CDE, a taxa de atendimento escolar dos jovens tem dificuldades em romper o teto de 80-85%, isto é, a evolução do acesso dos jovens parece ter chegado a algum ponto de resistência. Importante notar também que, apesar de haver mais jovens de classes AB na escola, a inclusão desse público também parece ter estagnado em um patamar (em torno de 90%). Conforme discutiremos mais adiante, esses dados mostram que o desafio de acesso e permanência no ensino médio é geral, não restrito apenas às classes CDE.

O gráfico 4 traz a frequência ao ensino superior entre a população de 18 a 24 anos (a taxa de matrícula líquida). É possível notar que essa frequência sai de patamares muito baixos (até para as classes AB) e cresce de forma

GRÁFICO 4. **Taxa de matrícula líquida de 18 a 24 anos por classe — Brasil (1995-2015)**

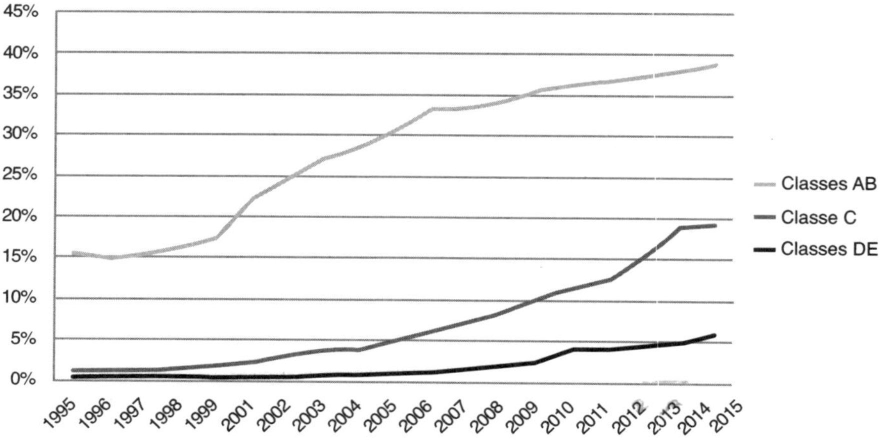

[Gráfico de linhas mostrando a evolução da taxa de matrícula líquida de 1995 a 2015 para três grupos: Classes AB (linha cinza, subindo de cerca de 15% para cerca de 39%), Classe C (linha preta, subindo de cerca de 1% para cerca de 19%) e Classes DE (linha preta mais escura, subindo de quase 0% para cerca de 6%).]

Fonte: Pnad/IBGE.

expressiva em todas as classes. Entre os jovens de classes AB, esse percentual sai de 15,5% em 1995 para 38,9%. Na classe C, apenas 1% dos jovens de 18 a 24 anos frequentava o ensino superior em 1995 e, 20 anos mais tarde, esse percentual saltou para 19,4%, um crescimento muito expressivo. Já entre os jovens DE, a frequência ao ensino superior sai de quase zero em 1995 (0,4%) para 6% em 2015.

Se ampliarmos o escopo de análise, não restringindo a faixa etária, é possível ter uma dimensão melhor da inclusão das classes CDE na educação superior. O gráfico 5 mostra a expansão no total de matrículas no ensino superior por classe. Em 1995, cerca de 87 mil pessoas de domicílios CDE frequentavam o ensino superior. Em 2015, esse número saltou para 2,1 milhões, isto é, se multiplicou por 24 em 20 anos. A título de comparação, as matrículas das classes AB cresceram 2,6 vezes (de 1,7 milhão de alunos para 4,4 milhões).

Embora possamos apontar avanços na inclusão das classes CDE no ensino superior — e isso certamente gera impactos muito relevantes em suas vidas —, os dados de matrícula líquida apontam que ainda há um longo caminho para um acesso mais efetivo dos jovens de classes CDE à faculdade. Como discutiremos mais adiante, esse caminho passa pela superação

GRÁFICO 5. **Matrículas no ensino superior por classe — Brasil — em milhares (1995-2015)**

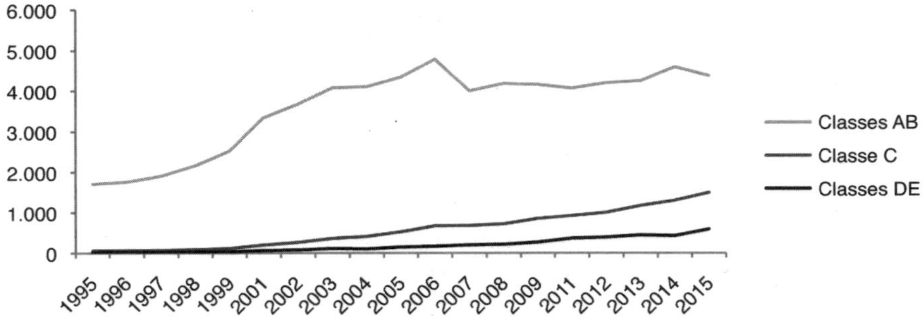

[Gráfico de linhas mostrando matrículas de 1995 a 2015 para Classes AB, Classe C e Classes DE, com eixo Y de 0 a 6.000]

— Classes AB
— Classe C
— Classes DE

Fonte: Pnad/IBGE.

de problemas no ensino médio — que forma um verdadeiro gargalo para o acesso da juventude ao ensino superior — e pela oferta ainda insuficiente de vagas gratuitas ou subsidiadas.

Permanência e conclusão

Como foi demonstrado, o acesso à educação evoluiu muito entre as classes CDE nos últimos 20 anos, o que já traz uma série de impactos positivos sobre a vida dessas famílias (como será discutido ainda neste capítulo). Porém, não basta frequentar a escola, é preciso permanecer nela, evoluir adequadamente nas séries (sem reprovações) e concluir na idade ideal cada etapa da educação.

A questão da progressão escolar é especialmente importante para as classes CDE, pois em geral suas crianças e jovens enfrentam uma série de dificuldades em permanecer na escola. Os estudantes CDE têm, em geral, pais pouco escolarizados, que têm menos condições de apoiar seus filhos nas dificuldades naturais do processo educacional. Além disso, mesmo a frequência à escola pública pode trazer custos associados a transporte, compra de materiais etc., que podem pesar no orçamento de famílias CDE. Por fim, em famílias mais pobres a necessidade de trabalho também pode limitar a permanência de crianças e jovens na escola.

O gráfico 6 traz a taxa de matrícula líquida para jovens de 15 a 17 anos. A taxa de matrícula líquida mede o percentual da população de uma faixa etária que frequenta escola na etapa adequada à faixa etária. Esse indicador, portanto, representa um conceito diferente da taxa de atendimento, que considera a frequência escolar independentemente da etapa.

Diferenças entre a taxa de atendimento e a taxa de matrícula líquida são indicativos de atraso escolar da população. Por exemplo, se constatamos que 80% da população de 15 a 17 anos frequenta escola, mas 60% dessa mesma população está no ensino médio (ou já progrediu para o superior), podemos considerar que 20% dos jovens (a diferença entre as taxas) ainda frequentam o ensino fundamental, ou seja, encontram-se em atraso escolar.

É possível notar que o atraso escolar era grande em 1995, até para as classes AB. Apenas 6% dos jovens de 15 a 17 anos das classes DE e 14% dos de classe C frequentavam o ensino médio. Para as classes AB, a taxa líquida era de 37,7% em 1995. Até 2015, essas taxas evoluíram de maneira importante, alcançando 58,2% dos jovens de classe C e 45,3% dos jovens DE.

É certo que esses valores ainda estão aquém do ideal, conforme será abordado no final deste capítulo, mas sua evolução expressiva pode ser considerada uma boa notícia. E as consequências mais importantes da redução

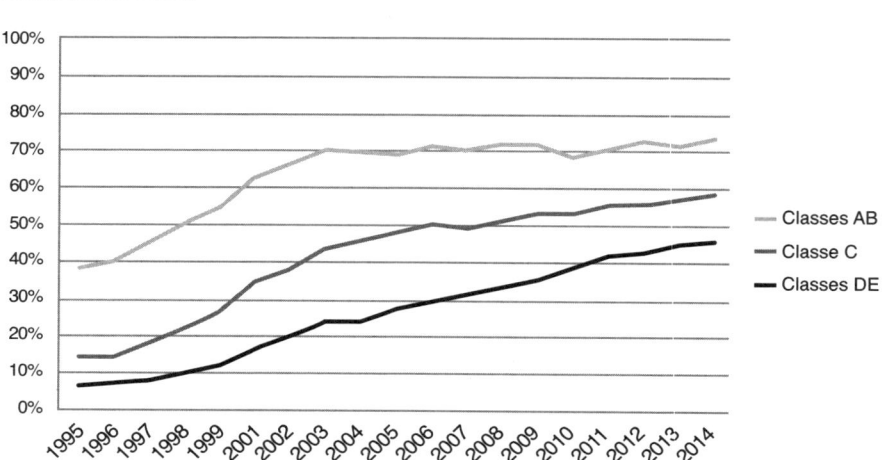

GRÁFICO 6. **Taxa de matrícula líquida de 15 a 17 anos por classe — Brasil (1995-2015)**

Fonte: Pnad/IBGE.

do atraso escolar são o aumento da taxa de conclusão e da escolaridade das classes CDE.

O gráfico 7 mostra como evoluiu a taxa de conclusão do ensino médio aos 19 anos ao longo das últimas décadas. Essa taxa mostra simplesmente o percentual de jovens que aos 19 anos já concluíram o ensino médio (etapa cuja idade ideal para conclusão é 17-18 anos, a depender da data de nascimento do estudante). Em 1995, apenas 4% dos jovens das classes DE e 9% dos de classe C tinham diploma de ensino médio aos 19 anos. Até 2015, esses indicadores cresceram de forma muito expressiva, chegando a 45% para as classes DE e 59% na classe C.

Em termos absolutos, havia 23.600 jovens de 19 anos de classes DE com ensino médio concluído em 1995 e esse número saltou para 471.600 em 2015 (um crescimento de quase 2.000%). Para a classe C, o crescimento do contingente de jovens de 19 anos diplomados no ensino médio foi de quase 1.000% no mesmo período (saindo de 62.400 para 647.900).

Essa taxa de conclusão do ensino médio, embora ainda abaixo do desejável, mostra o quanto as classes CDE puderam progredir em termos de oportunidades educacionais. Isto é, no período de 20 anos, um número muito maior de jovens passou a ter possibilidade de acessar cursos pós--médio, como os superiores (o que se reflete na evolução mostrada no gráfico 5) e os técnicos subsequentes. O resultado disso é o aumento geral da escolaridade da população CDE.

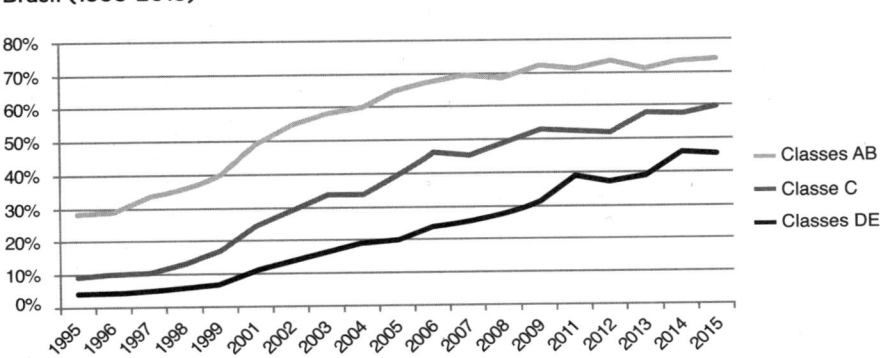

GRÁFICO 7. **Taxa de conclusão do ensino médio aos 19 anos por classe — Brasil (1995-2015)**

Fonte: Pnad/IBGE.

O gráfico 8 traz a evolução da escolaridade média da população adulta jovem, de 18 a 29 anos, isto é, a média de anos de estudo completos. Em 1995, a escolaridade média das classes DE era de apenas 3,9 anos, o que significa concluir apenas a primeira etapa do ensino fundamental. Esse índice não era muito melhor na classe C em 1995 (5,4 anos, ou seja, 1,5 além da primeira fase do fundamental). De 1995 a 2015, a escolaridade média das classes CDE praticamente dobrou, chegando a 8,4 anos na DE e 9,7 anos na C. Os índices de 2015 já indicam, em média, que as classes CDE chegam ao final do ensino fundamental.

Em resumo, os dados mostram que ao longo das últimas duas décadas a educação das classes CDE melhorou de forma expressiva, não obstante os desafios que ainda existem. Atualmente, quase todas as crianças CDE têm acesso à educação fundamental e elas estão permanecendo e progredindo mais nos estudos. Como resultado, há hoje mais jovens CDE acessando e concluindo o ensino médio, de tal forma que, atualmente, esses jovens podem acessar uma gama maior de oportunidades de formação profissional, seja a técnica ou a superior.

É certo que ainda há muito por evoluir, conforme discutiremos no final deste capítulo, mas é importante destacar o caráter equitativo da evolução educacional das classes CDE. Os números destacados aqui apontam

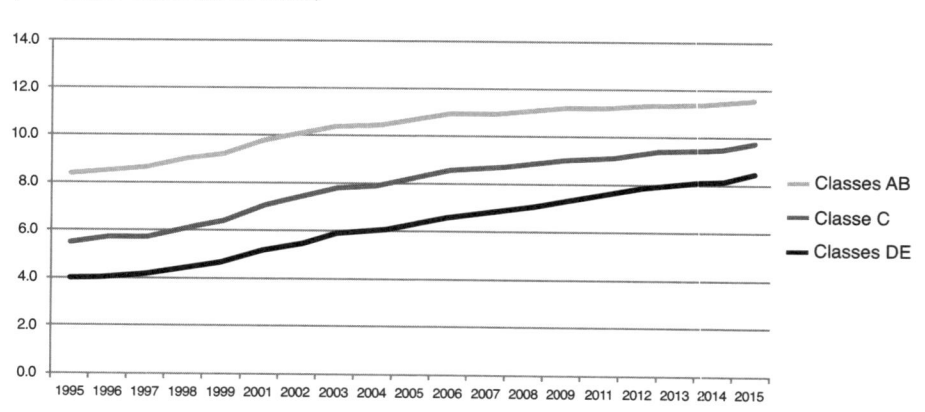

GRÁFICO 8. **Média de anos de estudo para população de 18 a 29 anos por classe Brasil (1995-2015)**

Fonte: Pnad/IBGE.

na direção de uma redução importante na desigualdade de oportunidades educacionais entre as classes CDE e AB ao longo dos últimos 20 anos, como resultado de um conjunto variado de políticas públicas que buscaram objetivos comuns e ultrapassaram barreiras ideológicas e partidárias. Explicaremos essas políticas a seguir.

2. Por que mudou?

Ao longo das últimas décadas, a educação brasileira passou por diversas inovações institucionais que contribuíram de maneira essencial para as transformações analisadas na seção anterior. Muitas dessas inovações aconteceram no âmbito de estados e municípios, mas é do Ministério da Educação (MEC) que partiram as principais diretrizes para as políticas educacionais em todas as etapas e para todo o país. Destacaremos aqui algumas das principais iniciativas do MEC no período e, para dar luz também à importância das políticas estaduais e municipais, destacaremos o caso do município de Sobral (CE).

Na segunda metade dos anos 1990, o MEC concentrou esforços em políticas que reorganizaram a oferta e o financiamento da educação básica, além de promover reformas e ampliações em programas de apoio às redes públicas.

Em 1996, foi sancionada a Lei de Diretrizes e Bases da Educação Nacional (LDB), que pode ser considerada o principal marco legal de ordenamento do sistema educacional brasileiro. Ela estabelece uma série de regramentos que organizam a oferta pública e privada de educação básica, técnica e superior.

Em termos da organização do sistema, a LDB estabelece que a União tem como função principal a coordenação da política nacional de educação articulada com os diferentes níveis e sistemas de ensino, exercendo função normativa, redistributiva e supletiva em relação aos demais entes. Estados e municípios incumbem-se da oferta de educação básica, com prioridade aos estados na oferta do ensino médio e aos municípios na oferta de educação infantil e fundamental. Dessa forma, a LDB dá ordenamento para toda a oferta de educação básica, colocando o MEC como arquiteto do sistema e os demais entes como ofertantes com liberdade para organizar seus próprios sistemas.

Com relação ao ensino superior, a LDB ordena as diferentes modalidades de cursos e põe a União no papel direto de regulador e avaliador do sistema, tanto para ofertantes públicos quanto privados. Além disso, a LDB também flexibiliza e permite a diversificação da oferta de educação superior por instituições privadas e da educação a distância.

A LDB, então, ordena a oferta da educação pública e privada, dando liberdade de organização aos sistemas locais, que podem estabelecer seus próprios currículos e outras políticas educacionais. Mas o financiamento público ainda era uma barreira à expansão da educação básica, especialmente para as regiões mais pobres do país.

Para lidar com essa questão, o Fundo de Desenvolvimento do Ensino Fundamental e Valorização do Magistério (Fundef) surge em 1996, dando mais racionalidade à alocação de recursos para a educação. A ideia central do Fundo era repartir parte da receita de impostos entre cada estado e seus respectivos municípios, na proporção das matrículas de ensino fundamental.

Cada estado criou um fundo contábil composto por 15% do Imposto sobre Circulação de Mercadorias e Serviços (ICMS), do Fundos de Participação de Estados (FPE) e do Fundo de Participação dos Municípios (FPM). A distribuição dos recursos de cada fundo seria tal que garantisse a cada rede municipal e estadual um valor mínimo por aluno/ano. Em caso de insuficiência de recursos para garantir esses mínimos, a União poderia complementar o fundo com recursos próprios.

Além disso, o Fundef também tinha um componente importante de valorização do professor, ao assegurar a utilização mínima de 60% de seus recursos para o pagamento de docentes em exercício. O mecanismo do Fundef permitiu então simultaneamente uma destinação automática de recursos para educação independente dos repasse da União e uma garantia de que todas as redes receberiam uma distribuição mais equilibrada de recursos. E os efeitos do Fundef sobre equidade são expressivos.

No primeiro ano de vigência do Fundo, 2.703 municípios brasileiros (com 10 milhões de alunos do ensino fundamental) tiveram uma receita adicional de R$ 2 bilhões (reais de 1998) para suas redes de ensino fundamental. Esses benefícios concentraram-se no Nordeste, onde 1.557 municípios, detentores de uma rede com 5 milhões de alunos, receberam um adicional de R$ 931,1 milhões (reais de 1998). O autor ainda calcula que, em

1998, o gasto médio nas redes públicas de ensino fundamental do Brasil teria sido de R$ 335,00 por aluno/ano sem o Fundef e passou para R$ 411,00 por aluno/ano com o Fundo, um aumento de 23% (valores em reais de 1998). Novamente, os melhores resultados foram no Nordeste, onde o aumento do gasto por aluno/ano foi de 89%.

Além da LDB e do Fundef, os programas do MEC de apoio à manutenção de escolas públicas passaram a se tornar cada vez mais importantes na segunda metade dos anos 1990, por exemplo:

- O Programa Dinheiro Direto na Escola (PDDE), que suplementa recursos financeiros diretamente para as escolas públicas, que tem liberdade para aplicá-los na manutenção e desenvolvimento do ensino.
- O Programa Nacional do Livro Didático (PNLD), que fornece às escolas públicas de todo o país coleções de livros didáticos avaliados e adquiridos pelo MEC, preservando a liberdade dos professores na escolha dos livros.
- O Programa Nacional de Alimentação Escolar (Pnae), que transfere para redes municipais recursos exclusivos para aquisição e alimentos para a merenda escolar.

Na primeira década dos anos 2000, as políticas do MEC continuam com foco na ampliação da educação básica, estendendo seu escopo para ensino médio e infantil, e passam a empreender esforços também na educação superior.

Em 2001 surge o Programa Bolsa Escola Federal, base para o Programa Bolsa Família, que buscou atacar uma grande causa da evasão escolar mediante a garantia de uma renda mínima às famílias mais pobres que mantivessem os filhos matriculados no ensino fundamental. Trata-se de um programa que cumpre um papel importante na inclusão e na manutenção de crianças mais vulneráveis na escola.

O início dos anos 2000 também marca a ampliação do conceito de educação básica. Em 2005, a Lei nº 11.114 antecipa o início da escolaridade obrigatória de sete para seis anos, em 2006, a Lei nº 11.274 amplia de oito para nove anos a duração do ensino fundamental obrigatório e, por fim, a Emenda Constitucional nº 59/2009 define a educação básica obrigatória e gratuita dos quatro aos 17 anos de idade, passando a incluir, portanto, a pré-escola.

Para acomodar essa ampliação da educação básica, em 2007 surge o Fundeb, em substituição ao Fundef, trazendo uma série de inovações em relação ao fundo anterior, tais como:

- aumento da cesta de tributos componentes;
- inclusão da educação infantil, do ensino médio e da educação de jovens e adultos;
- ampliação da diversidade dos coeficientes de diferenciação de alunos para fins de distribuição dos recursos;
- permissão do cômputo de alunos da educação infantil atendidos em escolas conveniadas para fins de distribuição dos recursos do fundo.

Com o novo fundo, a mesma lógica de financiamento que viabilizou a universalização do ensino fundamental na década anterior passava a ser aplicada à educação básica como um todo.

Além disso, os programas de apoio às escolas também foram ampliados para atender a toda educação básica e novos programas foram criados, como:

- o Plano de Ações Articuladas (PAR), criado em 2007 para oferecer às redes públicas de educação básica um instrumento de planejamento para as políticas de educação, permitindo ao MEC priorizar e apoiar ações educacionais propostas pelas redes;
- o Programa Nacional de Transporte Escolar e o Caminho da Escola, criados respectivamente em 2004 e 2007, visando apoiar a aquisição e a manutenção do transporte escolar das redes municipais, com foco principal nas escolas rurais;
- o Proinfância foi criado em 2007 para dar assistência técnica e financeira às redes municipais para construção e aquisição de equipamentos para creches e pré-escolas;
- o programa Mais Educação foi instituído em 2007 e regulamentado em 2010 como primeira grande iniciativa do MEC para indução da ampliação da jornada escolar e a organização curricular na perspectiva da educação integral.

Entre as políticas para educação superior do início dos anos 2000, destacam-se o Reuni, o ProUni e o Fies. O Programa de Apoio a Planos de Reestruturação e Expansão das Universidades Federais (Reuni) tem como principais objetivos aumentar as vagas de ingresso e reduzir as taxas de evasão nos cursos presenciais de graduação das universidades federais. A ampliação das vagas procurou privilegiar municípios do interior e regiões mais vulneráveis, áreas tipicamente com maior dificuldade de acesso a ensino superior.

O Programa Universidade para Todos (ProUni) foi criado em 2004 e concede bolsas de estudos em instituições privadas de ensino superior, em contrapartida de isenções fiscais. São dois tipos de bolsas — integral ou parcial de 50% — e os beneficiários são selecionados pelo Enem e por seu perfil socioeconômico (egressos de escola pública com renda familiar *per capita* de até um salário mínimo e meio para bolsa integral e de até três salários mínimos para bolsa parcial de 50%).

Já o Fundo de Financiamento ao Estudante do Ensino Superior (Fies), embora tenha sido criado em 1999, passa a ter papel mais central nas estratégias do MEC a partir dos anos 2000. O programa destina-se a financiar a graduação de estudantes matriculados em cursos superiores não gratuitos. Diferente do ProUni, esse programa não tem focalização, ou seja, é destinado a qualquer perfil de estudante. As instituições de ensino superior (IES) que aceitam os alunos financiados pelo Fies são remuneradas via emissão de títulos públicos, que podem ser usados para abatimento de impostos federais.

A partir de 2010 as políticas do MEC procuram ampliar mais os programas voltados à educação superior, com pouca inovação na educação básica. O período 2011-16 vai ser caracterizado pela manutenção e ampliação dos principais programas de educação básica.

A maior novidade na educação básica neste período talvez seja a aprovação do Plano Nacional de Educação 2014-24, que trouxe uma série de metas voltadas, em linhas gerais, à ampliação da educação infantil e do ensino médio, à redução do atraso escolar e de desigualdades educacionais, além de metas de valorização dos profissionais da educação.

Na educação infantil o MEC criou em 2012 o Programa Brasil Carinhoso, que apoia municípios no custeio de despesas com manutenção e desenvolvimento da educação infantil. Para tentar superar o desafio da alfabetização de crianças, o MEC lançou em 2013 o Pacto Nacional pela Alfabetização na Idade Certa (Pnaic), programa voltado à formação continuada de professores alfabetizadores e à oferta de materiais pedagógicos para alfabetização.

No ensino médio o MEC estabelece em 2012 novas Diretrizes Curriculares Nacionais que, entre outras mudanças importantes, estabeleceram que os componentes curriculares obrigatórios da LDB seriam operacionalizados por 14 disciplinas. Essas diretrizes passaram a balizar o Programa Ensino Médio Inovador, lançado em 2009, para apoiar e fortalecer o desenvolvimento de propostas curriculares inovadoras nas escolas de ensino médio.

Do lado da educação superior, a ampliação dos programas do MEC acontece principalmente via Fies, a partir de 2009, quando o governo federal flexibiliza as regras para acesso ao financiamento. Em 2015, o número de alunos financiados pelo Fies já era de 2 milhões, o dobro do total de alunos das universidades federais.

Apenas com a transição de governo de 2016, o MEC passa por uma mudança de direcionamento de suas políticas. O diagnóstico nesse período era de que os indicadores educacionais não vinham melhorando com o aumento dos recursos destinados ao ministério nos últimos anos. Dessa forma as intervenções do MEC a partir de 2016 passaram a focar mudanças estruturais na educação básica e a reforma dos seus principais programas destinados à educação básica.

A aprovação da Base Nacional Curricular Comum (BNCC) em 2017 foi de extrema importância estratégica, pois pela primeira vez as políticas educacionais — sobretudo as de recursos didáticos e formação de professores — são balizadas por um conjunto único de normas, que garantiram maior equidade nas políticas de estados e municípios.

Também em 2017 o MEC cria o Novo Ensino Médio, remodelando completamente a etapa mais desafiadora da educação básica e tornando o ensino médio mais adaptado ao século XXI e aos anseios dos jovens. Acompanhando a reforma do ensino médio, o MEC estabelece também o MedioTec e uma nova política de fomento a escola de tempo integral.

A política para o ensino profissionalizante agora passa a ter foco maior sobre o estudante do ensino médio público, com objetivo de gerar mais oportunidades para inserção no mercado de trabalho. E a política de ensino integral passa agora a promover modelos completos de tempo integral, ou seja, não se limita a patrocinar a mera extensão de turno, mas um modelo pedagógico totalmente novo e adaptado à rotina integral.

Não obstante os desafios que a educação brasileira ainda tem pela frente e os conhecidos problemas crônicos de falta de eficiência e eficácia de algumas políticas educacionais, é possível dizer que, em conjunto, as iniciativas do MEC ao longo dos últimos 20 anos seguiram a direção de garantir o acesso à permanência na educação básica e superior, especialmente para os públicos mais vulneráveis.

É importante destacar que, embora essas duas décadas tenham sido marcadas por importantes mudanças ideológicas na gestão do MEC, o direcionamento mais ou menos constante das políticas educacionais leva a concluir que o acesso universal e irrestrito à educação pública parece ter se tornado, de fato, política de estado, isto é, com suporte da sociedade e não apenas de um partido.

Resta, sem dúvida, uma série de desafios a serem enfrentados para que a educação continue evoluindo na direção que a sociedade brasileira definiu nos últimos 20 anos. Trataremos deste assunto mais a diante.

SOBRAL, UM CAMINHO

Sobral é um município cearense, situado no noroeste do estado. Tem 205 mil habitantes e compõe o semiárido brasileiro, que enfrenta um conjunto de peculiaridades às regiões nordestinas de estiagem, com níveis de desigualdades ainda muito alarmantes. Entre a população sobralense, 20% dos mais ricos detêm 61% da renda e os 20% mais pobres possuem apenas 3,1%. O produto interno bruto de Sobral contribui para o PIB do Ceará com apenas 3% e para o PIB brasileiro com somente 0,065%. Trata-se de um município pobre e acentuadamente desigual.

Em 1996, as vulnerabilidades políticas e administrativas do município se expressavam com muita força no quadro da educação pública municipal. As condições de insuficiências socioeconômicas e as características climáticas eram utilizadas pelos gestores públicos como justificativas para o fracasso da política educacional, que ano a ano se repetiam sem melhorias.

O elevado percentual das crianças e adolescentes fora da escola, a alta taxa de abandono e de distorção idade-série compunham uma síntese do cenário de ineficiência do sistema educacional sobralense. Em 1996, toda a matrícula municipal era de apenas 9.070 alunos, e, destes, 26%, ou seja, 2.358 alunos, não concluíam o ano letivo. Mais grave ainda, dos 6.712 que permaneciam nas escolas até o fim do ano, 87,4% não estavam frequentando as séries correspondentes à sua idade. O atendimento era abaixo do necessário, pois não assegurava matrícula para todos na idade escolar e a aprovação com sua correspondente progressão não representava a aprendizagem adequada.

As mudanças ocorridas na administração municipal a partir de 1997 buscaram, admitindo as realidades de pobreza e as características territoriais, estabelecer estratégias capazes de produzir políticas públicas qualificadas e eficazes, eficientes e universais. Nesse novo quadro, a política educacional ganha especial importância.

No final de 2000, estavam matriculados 19.917 alunos, o abandono caiu para 7,1% e a distorção idade-série se reduziu para 50,5%, percentual ainda muitíssimo elevado. Apesar de positivos, esses importantes números não dizem tudo, pois, após quatro anos de cumprimento de uma agenda positiva para melhorias na rede municipal, com concursos para professores, construção e reformas de escolas, aquisição dos equipamentos mais modernos disponíveis no Brasil, entre outras medidas, uma avaliação externa sobre a aprendizagem dos alunos revelou que quase 50% dos alunos avaliados não sabiam ler nem escrever.

Ou seja, paradoxalmente, as salas de aulas estavam condenando ao analfabetismo grande parcela dos alunos que as frequentavam. As ações adotadas estavam na periferia do sistema de ensino e não trataram da essência. Isso serviu para a adoção de uma nova estratégia da gestão escolar com foco na aprendizagem, especificamente a alfabetização na idade certa, e foi essa a guia fundamental para os êxitos alcançados posteriormente.

Em 2010, a rede municipal já atendia 24.750 alunos, o abandono era de 3,8% e a distorção idade-série era de 7,5%, com uma aprovação de 95,4%. Em 2016, os resultados confirmam os acertos dessa estratégia de gestão focada na aprendizagem dos alunos. A matrícula do ensino fundamental é incorporada à rede municipal, praticamente zerando o abandono e a distorção idade-série e a aprovação alcança 99,7% dos alunos, ou seja, virtualmente assegurando a atendimento de todos os que estão na idade escolar. Os gráficos seguintes ilustram a trajetória descrita.

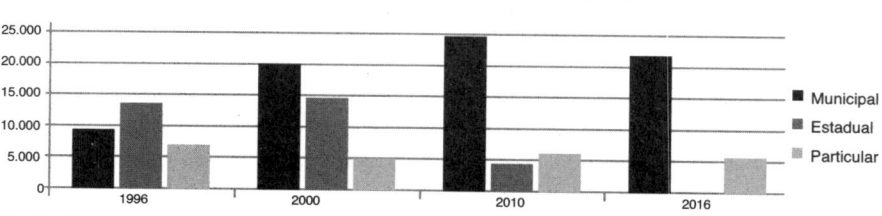

GRÁFICO 9. **Sobral — Matrícula por dependência administrativa**

Fonte: Censo Escolar/Inep.

GRÁFICO 10. **Aprovação, reprovação, abandono e distorção idade-série**

Fonte: Censo Escolar/Inep.

A elevação da proficiência somada à inexistência de abandono e ao bom ritmo de progressão garantiu a Sobral um crescimento vigoroso no Índice de Desenvolvimento da Educação Básica (Ideb), conforme os gráficos seguintes. Em 2015, entre os 5.574 municípios brasileiros, a rede educacional de Sobral alcançou o melhor Ideb no 5º ano, com o índice de 8,8.

GRÁFICO 11. **Ideb 5º ano do Brasil, Nordeste, Ceará e Sobral**

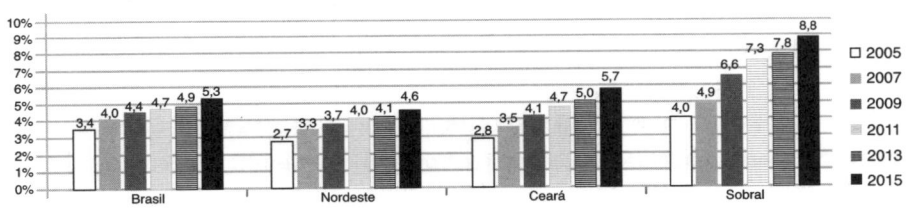

Fonte: Censo Escolar/Inep.

GRÁFICO 12. **Ideb 9º ano do Brasil, Nordeste, Ceará e Sobral**

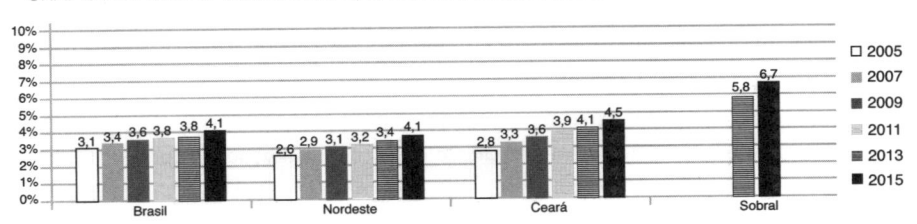

Fonte: Censo Escolar/Inep.

O exame comparativo dos dados sobre a proficiência em língua portuguesa e matemática entre o Brasil, o Nordeste, o Ceará e Sobral, medida pelas avaliações feitas pelo Ministério da Educação, ilustram o destaque da rede escolar de Sobral. Os dados apresentados nos gráficos abaixo mostram o crescimento da medida de proficiência em língua portuguesa para o 5º e o 9º anos.

As séries iniciais estavam razoavelmente bem equacionadas e apresentavam resultados que poderiam ser considerados satisfatórios. Por outro lado, se fazia tam-

GRÁFICO 13. **Proficiência em língua portuguesa — 5º ano**

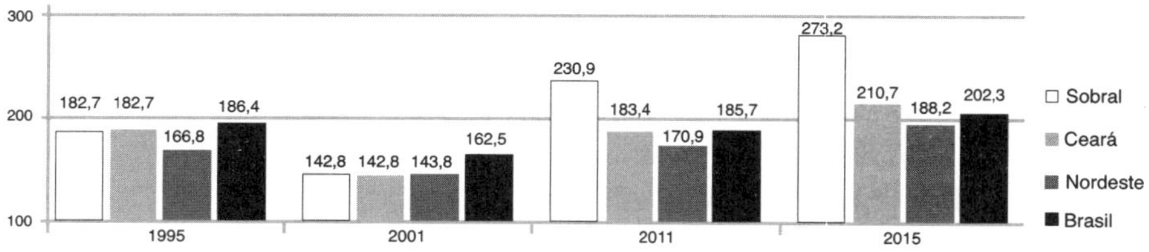

	1995				2001				2011				2015		
	182,7	182,7	186,4		142,8	142,8	143,8	162,5		230,9	183,4	185,7	273,2	210,7	188,2	202,3
		166,8									170,9					

□ Sobral ■ Ceará ■ Nordeste ■ Brasil

Fonte: Censo Escolar/Inep.

GRÁFICO 14. **Proficiência em língua portuguesa — 9º ano**

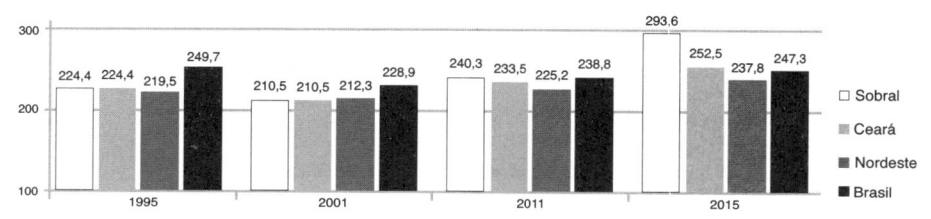

1995				2001				2011				2015			
224,4	224,4	219,5	249,7	210,5	210,5	212,3	228,9	240,3	233,5	225,2	238,8	293,6	252,5	237,8	247,3

□ Sobral ■ Ceará ■ Nordeste ■ Brasil

Fonte: Censo Escolar/Inep.

bém necessário olhar para os adolescentes que frequentam as séries finais do ensino fundamental. A adolescência, também por suas características peculiares, exige um projeto pedagógico que possa vincular esses adolescentes com bons projetos de vida, rompendo um ciclo de exclusão vivenciado por seus pais e antecedentes.

Há fortes evidências de que nessa etapa reside o maior risco de abandono e de desconexão com a escola. Exatamente nessa etapa eles se tornam mais vulneráveis aos apelos perigosos da rua, e parte das famílias tem dificuldade de exercer sua autoridade na necessária contenção e acompanhamento dos filhos.

A escolha da rede municipal para assegurar essa atenção especial aos adolescentes sobralenses foi a implantação de Colégios de Educação de Tempo Integral para os alunos das séries finais, ampliando a carga horária de português, matemática, ciências e língua estrangeira. Além da realização de atividades esportivas e artísticas e, notadamente, a implantação de um serviço de tutoria que acompanha a cada um dos alunos na construção de um Projeto de Vida, elaborado durante os anos de estudos da 6ª até a 9ª série.

Com isso, se pretende que as novas gerações oriundas das escolas públicas da rede de Sobral sejam mais bem formadas a partir do domínio dos conteúdos curriculares, sejam protagonistas de uma vida mais digna e próspera e que se constituam numa força social e política que promova com mais vigor o movimento de transformação da sociedade em que vivem.

Os três pilares estruturantes dessas tarefas se articulam no fortalecimento da gestão escolar, no fortalecimento da ação pedagógica e na valorização do magistério. Percebe-se, na rede municipal de Sobral, a convicção de que os bons resultados relativos alcançados não representam, nem de longe, os objetivos educacionais que a rede é capaz de produzir.

Há também compreensão de que os resultados relativamente positivos, como o Ideb 8.8, estão bem distantes dos desafios educacionais existentes, por exemplo, a partir do que indicam as avaliações do Pisa. Por essas razões, em 2013 se iniciou a concepção dos novos currículos de português e matemática, que ficaram prontos no final de 2016 e estão em implementação. A construção do currículo novo de ciências está em fase adiantada, com o apoio de consultoria especializada e com a efetiva participação de professores do município.

Por meio do apoio do Instituto Natura e da Fundação Leman, buscou-se aproveitar o que a própria rede escolar de Sobral pode ensinar. Ou seja, a escola é o lugar de aprendizagem dos alunos, mas é também capaz de produzir conhecimento de forma a ensinar a própria rede a se fazer melhor. Ademais, é preciso compartilhar as boas experiências de outras redes brasileiras e conhecer e aproveitar experiências positivas de outros países.

As condições climáticas não mudaram em relação a 1996. É o mesmo sertão, do mesmo semiárido nordestino. É sob o mesmo sol, sob o mesmo céu e é no mesmo chão que as crianças e os adolescentes de Sobral frequentam as escolas municipais. Foi necessário romper com o mito de que pobre não aprende e entender que o Estado, na sua esfera municipal, não pode renunciar ao seu papel estratégico de priorizar a educação. É o que mostra o gráfico seguinte. As variáveis são renda domiciliar e desempenho em língua portuguesa em 2015. Apesar de estar entre os municípios de menor renda, Sobral se destaca nos resultados obtidos.

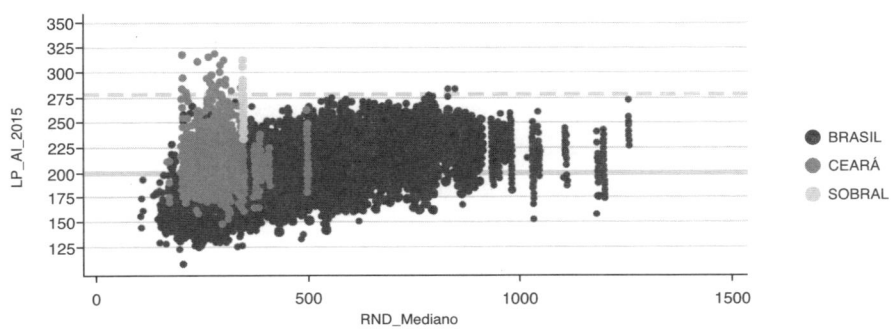

GRÁFICO 15. **Sobral é a prova de que é possível alcançar o topo dos indicadores nacioanis de qualidade em contexto de pobreza**

Fonte: BECSKEHÁZY, Ilona; OLIVEIRA, Romualdo P. Institucionalização do direito à educação de qualidade: o caso de Sobral, CE. São Paulo: Feusp. Feusp, em elaboração.

3. Os efeitos na vida das famílias — casos de campo

Como vimos nas seções anteriores, as mudanças no campo da educação nas últimas décadas foram enormes. Como essas mudanças se materializaram na vida das famílias? Como elas percebem essas transformações?

Para ilustrar essas mudanças, esta seção apresentará três casos. No primeiro, vemos a importância do acesso à pré-escola para uma família de menor renda. Nesse caso, o acesso à pré-escola não apenas se apoia na escolarização dos filhos, mas também garante às crianças um lugar limpo e seguro para passarem o dia, o que libera a mãe para a realização de outras atividades. No segundo caso, vemos a importância de algumas políticas sociais, como o Programa Bolsa Família, no apoio à escolarização dos filhos. Por fim, mostramos o impacto do acesso ao ensino superior nas perspectivas de futuro de uma família.

Em comum, vemos como o acesso a mais oportunidades educacionais mudou a cara dos lares brasileiros. Muitos entrevistados das gerações mais velhas narram uma vida marcada por privações e dificuldades em continuar os estudos. Além disso, a falta de interesse pela escola predominava, o que constituía mais um fator a favor do abandono escolar. Hoje em dia é unânime a sensação de arrependimento por não ter se investido mais em educação, além da perspectiva de uma vida melhor para os filhos via escolarização. São essas histórias que iremos contar.

Caso 1: A importância da creche na vida da família, Elaine, 26 anos

> Eu acho importante a criança ir pra creche, porque elas se envolvem mais, interagem com outras crianças, aprendem a rezar. Se a mãe for trabalhar, é melhor do que ficar com outra pessoa, porque essa pessoa tem que cozinhar, lavar roupa, ela não vai ter tempo de ficar ensinando a criança, e na creche eles ensinam as letrinhas, números, a rezar.

É assim que Elaine define a importância do acesso à creche para a rotina de sua família. Mãe de três filhos, a pernambucana mora com a família em uma casa própria na cidade de Recife (PE). Ao todo, são cinco moradores: Elaine (26), seu marido (35) e seus três filhos (nove, quatro e um ano). Ela se dedica aos cuidados da casa e da família, enquanto seu marido faz bicos como ajudante de pedreiro. Anteriormente ele trabalhava registrado na área, mas foi demitido há quatro anos e desde então tem atuado como autônomo. Já seus filhos frequentam instituições de ensino do bairro: o mais velho está matriculado na escola municipal de ensino fundamental (Emef) e os outros dois estão matriculados na creche.

A rotina da família é demandante: com três filhos, gerir a logística da casa é um desafio. Elaine acorda cedo para preparar os filhos para o dia escolar, que começa às 7h30. Após deixá-los na creche, volta para casa e se dedica aos cuidados do filho mais velho, que estuda no período da tarde, e aos cuidados da casa — lavar, cozinhar, passar, limpar. Aos finais de semana costumam visitar parentes e amigos, ir ao shopping ou ficar em casa descansando. Católica, frequenta a igreja duas vezes por mês.

Elaine sente falta de trabalhar fora de casa e diz que gostaria de encontrar um emprego fixo, pois seria um "dinheiro a mais para a casa". Ela chegou a trabalhar como vendedora de roupas em uma loja no bairro vizinho, porém somente por alguns meses e sem registro; e durante um tempo trabalhou vendendo panos de prato na comunidade. Porém, após o nascimento da sua última filha, teve que parar essa atividade e desde então tem se dedicado aos cuidados da casa. A família ganha atualmente cerca de R$ 800,00 mensais oriundos do trabalho do marido e R$ 117,00 do programa Bolsa Família, totalizando R$ 917,00 de renda familiar mensal. Quando as contas "apertam", ela costuma pedir auxílio para os seus pais, que doam fraldas e alimentos para seus filhos.

Ela narra uma trajetória de vida bastante marcada pelas dificuldades. Filha de mãe costureira e pai segurança, morava em uma casa no bairro vizinho que era frequentemente tomada por enchentes. Após a chuva, era comum dividir o ambiente com ratos, baratas e outros insetos. Assim, quando seu pai foi demitido, viram a oportunidade de comprar uma casa utilizando o dinheiro da rescisão e a família se mudou para outro local. Quando se casou, aos 16 anos, foi morar com a nova família na casa atual, comprada pelo marido. Apesar de gostar de onde mora, ainda sofre com a falta de acesso à infraestrutura na sua região: não há ligação formal de luz e água e a família se vira com as ligações clandestinas (os chamados "gatos") para ter acesso a esses serviços. A água chega em sua casa apenas três vezes por mês, o que significa que ela tem que estocar: "aqui temos duas caixas d'água, duas bombonas, três baldes e um tanque. É assim". Quando falta água, ela aciona suas redes pessoais: pede para lavar a roupa na casa de sua mãe ou usa o poço da vizinha para complementar a água usada na casa. Mas a família possui alguns confortos, como sofá, televisão e internet, que permite que tenham acesso a uma série de desenhos infantis para os filhos.

Elaine considera que seus filhos possuem mais oportunidades educacionais do que ela teve. Segundo ela, "não tinha paciência para estudar" e acabava faltando muito às aulas, "eu era bagunceira, fiquei só até aprender a ler". Estudou até a 8ª série (atual 9º ano do fundamental). Aos 16 anos casou, engravidou e não quis mais voltar à escola, mas hoje se arrepende: "Se eu tivesse estudado, eu acho que conseguiria um emprego, uma casa melhor, coisas melhores". Ela lamenta não ter investido mais na educação própria e diz que incentiva que os filhos estudem para que eles tenham melhores oportunidades no futuro:

> eu falo pra eles estudarem pra não fazer o que eu fiz, pra ter um futuro melhor. Eu sei ler, mas não sei ler tudo, sabe? Eles poderiam ter um futuro melhor, arranjar um emprego bom, ter uma casa melhor, construir uma vida melhor. Não pra ficar só assim feito eu. Aqui só dá o básico, fazer a feira e pagar as dívidas, não dá pra ter muito lazer. Por exemplo, minha filha fez um ano, não teve condições de fazer a festa dela, fiz só um bolinho, foi 50 reais e só. Eu queria ter feito a festa dela.

Uma das estratégias que a família adotou para melhorar a escolarização dos filhos foi inseri-los o quanto antes no sistema escolar. Aos dois anos seu filho mais velho já estava matriculado na escola particular, paga com o salário do marido (custava cerca de R$ 120,00 reais). Com a piora da situação da família, e por não ter gostado da qualidade da escola, posteriormente eles migraram o filho para a rede municipal. Já os mais novos frequentam a creche, e a caçula já entrou com quatro meses de idade.

Para Elaine, a presença da creche é fundamental para sua rotina, pois é apenas após deixar os filhos que ela consegue se dedicar às outras atividades do lar. Além disso, as crianças são bem cuidadas, bem alimentadas, exercem a sociabilidade e aprendem noções básicas de higiene e conteúdos infantis, como cores e números.

Apesar da importância da creche em sua vida, ela diz que o serviço é muito intermitente: toda vez que há algum problema, como um professor doente, a creche não recebe as crianças e elas acabam passando o dia em casa. Isso causa um transtorno enorme para a família, que tem que reorganizar a rotina para atender às demandas dos filhos.

Para o futuro, Elaine espera que esse investimento traga bons resultados e que os filhos tenham uma vida melhor do que a dela. Provavelmente inspirado pelo pai, Davi afirma que quer ser pedreiro, ao que Elaine diz: "pedreiro não, filho, engenheiro!", e dá risada.

Assim, temos um caso que mostra a expansão do acesso à educação infantil para crianças de até cinco anos. Esse acesso é importante não apenas porque permite que esta mãe tenha mais tempo para a realização de outras atividades (como levar membros da família ao médico, cuidar da casa e resolver questões do dia a dia), como também auxilia seus filhos na sua escolarização. Porém, vemos que, para além de resolver problemas de acesso, é preciso haver também um investimento na qualidade desse acesso, com escolas que possam funcionar de forma contínua, sem tantas interrupções.

Caso 2: O Bolsa Família como apoio à educação, Talita, 30 anos

É em uma casa de dois cômodos, pequena e com pouca luz e ventilação, onde mora Talita e sua família. Eles moram em uma rua tranquila em um bairro periférico na zona sul da cidade de São Paulo, ao lado de um canteiro constantemente tomado por entulho e lixo, onde jovens e idosos passam o dia a olhar o movimento da rua. Ao todo são sete pessoas na casa: Talita e seus seis filhos (16, 14, nove, oito, quatro anos e oito meses).

Nascida em São Paulo, ela se mudou para a casa atual quando era pequena. Sua mãe trabalhou a vida toda como empregada doméstica, alternando entre períodos com carteira assinada e informalidade, e atualmente trabalha formalizada. Já seu pai é eletricista, mas, segundo Talita, "faz de tudo", como serviços de encanamento, piso e pequenas reformas. Os pais hoje são separados, mas continuam morando na mesma rua. Próximos à sua casa ainda moram seus quatro irmãos com suas respectivas famílias. Ao todo, somam-se quase 18 pessoas que moram em um complexo de casas onde coabitam diversos núcleos familiares.

Sua vida adulta começou cedo. Após engravidar aos 13 anos, deixou de estudar e foi morar com o novo marido, dedicando-se aos cuidados da casa e do filho. Dois anos depois veio o segundo filho, o que significa que, antes dos 16 anos, sua trajetória já havia se consolidado em torno dos cuidados com a família. Após anos de agressão física sofrida por parte do ex-marido, ela optou pela separação e voltou a morar na casa da mãe.

Foi nesse período que ela conseguiu seu primeiro emprego como auxiliar de limpeza de uma escola na região. Assim, após anos trabalhando em casa e cuidando da família, pela primeira vez tinha sua própria renda. A trajetória neste trabalho foi interrompida quando engravidou da terceira filha, que, para além do trabalho demandado por qualquer bebê, nasceu com deficiência intelectual.

A partir desse momento, Talita alternou períodos de trabalho registrado na área de limpeza com momentos em que se dedicava aos cuidados dos filhos. Durante todo esse período, especialmente quando estava sem trabalhar, a ajuda financeira de seus pais foi fundamental, já que eram eles que lhe forneciam dinheiro, comida, remédios, fraldas, roupas e brinquedos. Desde o nascimento da caçula, em março de 2017, Talita não tem mais procurado trabalho fixo, pois não tem com quem deixar os filhos durante o dia.

Atualmente, a família se sustenta a partir da articulação de diversos recursos, fazendo uma espécie de "malabarismo" para equilibrar as contas. A única fonte de renda advinda do trabalho são os R$ 160,00 que recebe como faxineira mensalmente; além disso, recebe doações da família (R$ 150,00, comida e bens) e do ex-marido, que compra uma cesta básica mensal para a família. Aqui podemos ver a importância do apoio das redes familiares para a sustentação do domicílio. De fato, seus pais acabam atuando como um "colchão" para momentos de emergência, aumentando a resiliência da família. Além disso, outras trocas também ocorrem, como a troca de serviços e informações: a irmã de Talita costuma cuidar de seus filhos quando ela está trabalhando e lhe indica para trabalhos de limpeza. Atualmente, ela está buscando obter o Benefício de Prestação Continuada (BPC) para ajudar com as despesas de seus dois filhos com deficiência.

Por fim, eles recebem R$ 165,00 do Bolsa Família, totalizando R$ 475,00 mensais de renda familiar. Para Talita, os recursos vindos do programa são importantes pois é um dinheiro com que ela "pode contar" todo mês. De fato, é a constância da renda, ainda que baixa, que dá um mínimo de previsibilidade para as famílias construírem planos para o futuro.

Talita acredita que o dinheiro do Bolsa Família é "dos filhos", pois é por causa deles que ela tem acesso ao benefício. Assim, é para eles que se voltam os gastos: a maior parte do benefício é usada para pagar uma perua escolar particular para levá-los à escola, além de materiais escolares. Sem acesso ao transporte escolar público e com uma gestão do cotidiano bastante complexa (já que possui cinco filhos matriculados em quatro instituições de ensino diferentes), esta foi a solução encontrada para manter os filhos estudando. Aqui uma reflexão se destaca, a que derruba o mito — muito reproduzido no senso comum — de que os pobres não sabem gastar seu dinheiro, ou pior, são pobres exatamente porque não sabem gastá-lo. O que muitos estudos já demonstraram (Duarte, Sampaio e Sampaio, 2009; Menezes et al., 2008) é que a maior parte do dinheiro do Bolsa Família é utilizada para comprar alimentos ou para investir na educação dos filhos. Além disso, o programa apresenta resultados positivos na manutenção de crianças e jovens na escola, devido à gestão das condicionalidades (Brauw et al., 2015; Cacciamali, Tatei e Ferreira, 2010; Silveira e Duarte, 2010).

Talita busca dar aos filhos as oportunidades de estudo que ela não teve quando era criança. Segundo ela, sua trajetória foi conturbada, acabou "se perdendo na bagunça" e abandonou os estudos na 7ª série (atual 8º ano do fundamental) por causa do seu namorado e dos filhos que vieram. Depois retomou os estudos já no Ensino de Jovens e Adultos (EJA) e conseguiu terminar o Ensino Fundamental recentemente. Hoje sonha em fazer faculdade de pedagogia, mas acha que "não tem mais paciência pra estudar": "se eu não tivesse tido filho e tivesse terminado a escola, hoje estaria em condições melhores".

Sua visão do futuro é um pouco pessimista, não acha que seus filhos terão uma trajetória muito diferente da sua. Com seu filho mais velho procurando trabalho, espera que ele consiga uma vaga em alguma empresa. Ele possui deficiência física depois de um acidente de moto e hoje procura uma posição de aprendiz para pessoas com deficiência. Já o segundo filho "vai errar como eu errei, esse gosta de um pancadão". Ela espera que os filhos não sigam o "caminho da bagunça".

Em suma, aqui temos um caso onde o apoio do benefício advindo do Bolsa Família foi importante para garantir melhores oportunidades educacionais para a família. Apesar das dificuldades, o fato de utilizarem o benefício para pagar perua escolar e materiais de estudo aumenta as chances de a família ter acesso a boas escolas e garantir um futuro melhor para as próximas gerações. Resta garantir que esse apoio seja constante e que esteja integrado a uma rede escolar mais ampla, que funcione efetivamente.

Caso 3: Novas gerações no ensino superior, Luísa, 48 anos

"Eu chorei demais, depois de tanto sacrifício, ela pensando em desistir, mas levou até o final, foi emocionante. Uma bênção."

É com emoção que Luísa conta sobre o dia em que viu sua filha pegar seu diploma universitário, no dia da formatura de sua turma. Mãe de quatro filhos, diz que sempre foi "com muita luta" que conseguiu garantir que seus filhos estudassem.

Luísa tem 48 anos e mora em São Paulo com o marido (48) e os quatro filhos (27, 25, 22 e 15 anos). Ela e o marido estão juntos há 30 anos. Ambos são naturais da capital paulista, mas viveram em outros bairros antes de se mudarem para a casa atual, um apartamento próprio de dois quartos, sala, cozinha e banheiro.

Ela trabalhou durante muitos anos como atendente de telemarketing, mas atualmente está sem trabalhar. Após a demissão da empresa no final de 2017, aproveitou para realizar alguns tratamentos de saúde e no momento não está procurando trabalho, mas pretende retornar em breve. Sua rotina se divide entre os cuidados com a casa e com a família nuclear e a estendida, como sua mãe, idosa, moradora do mesmo prédio. Seu marido trabalha registrado como segurança de um condomínio, em um regime 12×36h (trabalha dia sim, dia não). Já seus filhos estão terminando os estudos ou trabalhando: a mais velha formou-se em letras em uma universidade particular e hoje trabalha como professora de inglês em escola de línguas; as filhas do meio estudam física e saúde pública em uma universidade pública, e realizam estágios e trabalho voluntário; e o filho mais novo está cursando o ensino médio em uma escola pública.

Atualmente a renda familiar é de cerca de R$ 4.800,00, sendo R$ 1.500,00 do salário do marido de Luísa, R$ 2.000,00 do salário da filha mais velha, R$ 900,00 do salário da segunda filha e R$ 400,00 da bolsa de pesquisa da terceira filha. É perceptível a diferença entre o ganho dos filhos, que já terminaram ou estão cursando o ensino superior, e o rendimento dos pais, que acessam empregos de menor qualificação. Apesar de possuírem renda própria, neste domicílio os filhos ajudam pouco no pagamento das contas comuns, contribuindo com apenas parte de seus rendimentos. Luísa diz que é "importante os filhos terem seu próprio dinheiro", e por isso optou por isentá-los de contribuírem demasiadamente para as contas da casa.

A trajetória escolar da família é interessante, pois reflete diversas mudanças que ocorreram no Brasil nas últimas décadas. Luísa tem ensino médio completo, mas não continuou os estudos pois casou e engravidou logo depois:

> Depois da escola não fiz nada. Às vezes até fazia algum plano, mas não dava, trabalhava o dia inteiro, chegava à noite com um monte de coisas pra fazer, com as filhas pequenas. Depois elas cresceram e eu tinha tempo, mas não tinha coragem [...] é difícil, tem que se organizar para trabalhar, cuidar da casa e estudar.

Ela até já pensou em continuar a estudar, mas diz que não tem dinheiro nem disposição. O marido também terminou o ensino médio e chegou a começar um curso superior em gestão financeira em uma universidade particular, mas acabou desistindo do curso para pagar o cursinho pré--vestibular da filha.

Já seus filhos demonstram uma trajetória ascendente em direção ao ensino superior. As três filhas estudam em faculdades de ponta: a mais velha cursou uma faculdade privada de grande prestígio por meio do programa ProUni, que lhe ofereceu 100% de bolsa; e as outras duas acessaram universidades públicas de excelente qualidade. Anteriormente, todas fizeram cursinhos pré-vestibular populares, que cobram mensalidades abaixo da média dos outros cursinhos ou oferecem até isenção de taxa. No caso dos cursinhos pagos, uma teve a ajuda do pai (que deixou de cursar o próprio ensino superior para pagar o cursinho da filha) e outra pagava com o dinheiro do próprio salário, advindo de um trabalho na área de telemarketing.

Outro fator que impactou a escolarização dos filhos foi o fato de não terem que trabalhar para ajudar a família. Para Luísa, esse foi um fator fundamental para garantir o acesso ao ensino superior:

> eu sempre falei para os meus filhos valorizarem duas coisas: estarem em universidades boas e gratuitas; e não precisar trabalhar o dia inteiro e ter que ir para uma faculdade paga à noite. Porque a maioria faz isso, mais de 50% do salário vai para pagar o curso, você está cansado, tem que prestar atenção e as faculdades nem são tão boas. Então o que eu faço é dar o apoio para eles não se preocuparem em ter que trabalhar para poder comer. O que eu puder fazer para eles só se preocuparem com os estudos, eu faço.

Para além da trajetória escolar, outros fatores impactaram fortemente a escolarização da família. Em primeiro lugar, eles moram em um bairro considerado nobre da região oeste de São Paulo, o que contribui para o acesso a um ambiente seguro na escola. Além disso, frequentam espaços e equipamentos culturais como o Sesc, teatros, cinemas e bibliotecas públicas, o que aumenta o capital social da família. Por último, a alta escolaridade dos pais (ensino médio completo e superior incompleto) fez com que os filhos convivessem, desde cedo, com um ambiente estimulante para os estudos, com a presença de livros, revistas e internet: "elas entraram na escola já alfabetizadas, eu mesma alfabetizei em casa. A mais velha aprendeu a ler com três anos". Atualmente, a casa conta com diversos bens e serviços que apoiam a escolarização, como internet, computador, tablet e celular. Por exemplo, Luísa e todos os seus filhos utilizam o aplicativo Duolingo para aprender línguas estrangeiras.

Quando compara essa realidade com sua trajetória escolar, Luísa percebe um aumento do interesse pelos estudos. Ela diz que nem precisa incentivar muitos os filhos, porque eles já possuem essa iniciativa "por parte deles mesmo". Mas houve momentos em que precisou intervir, por exemplo, quando a filha mais velha, que queria ter feito outro curso, decidiu abandonar a faculdade de letras: "Muitas vezes ela pensou em desistir, e eu cheguei a brigar com ela, ela até ficou uns três dias sem ir, falou 'não vou mais', e eu conversei, conversei, fiz ela entender que depois que ela tivesse esse diploma ela poderia fazer outra. Aí acabou que ela foi até o final".

Uma outra mudança percebida foi o aumento das oportunidades que se abrem para os jovens hoje:

> hoje tem mais facilidade de estudo, porque na minha época não tinha ProUni, se quisesse fazer faculdade tinha que pagar e hoje tem programa do governo [...]. A minha geração, tipo de 10 pessoas da minha turma, duas fizeram faculdade. Mesmo na minha família, nenhum dos meus primos fez faculdade. Mas na geração das minhas filhas, de 10, apenas uma não fez faculdade.

A sensação que tem ao ver os filhos formados é de realização. Ela diz que se emocionou quando viu a filha formada, e que esse momento refletiu uma trajetória muito longa de investimentos em um futuro melhor para os filhos.

Para o futuro, ela deseja que os filhos continuem nesta trajetória ascendente e que consigam bons empregos em suas áreas de atuação. Sua principal preocupação atual é inserir o filho mais novo na universidade, e diz que, caso não passe em uma pública, a família se cotizaria para pagar uma particular, pois não abre mão do ensino superior. Para Luísa, esse acesso representa uma importante expansão na visão de mundo e nas possibilidades que se abrem: "tem um crescimento pessoal, uma pessoa que faz faculdade tem outra cabeça, são outros papos, são atualizadas, diferente de mim".

Em suma, vemos um caso onde houve um grande ganho educacional na geração dos filhos, com uma trajetória ascendente rumo ao ensino superior. O fato de a família morar e estudar em um bairro de classe média, aliado a uma maior renda familiar (que permite liberar os filhos para os estudos), sem dúvida foi um fator decisivo para esse cenário. Mas podemos citar também outros fatores de mudança, tais como a nova mentalidade das novas gerações (muito mais focadas na ascensão social via estudos), o advento de tecnologias de educação e políticas educacionais mais inclusivas, como a expansão das universidades públicas e programas de bolsas de estudo.

4. Desafios para o futuro

Quando analisamos a educação brasileira numa perspectiva de 20 anos, os dados mostram inequivocamente que o país passou a gerar mais oportunidades de acesso e progressão em todas as etapas da educação, que impactaram especialmente a vida das famílias de classes CDE. Porém, é importante destacar aqui que o atraso educacional brasileiro ainda é grande e os desafios para superá-lo são numerosos.

a. Melhorar a aprendizagem na educação básica

Conforme discutimos, a inclusão de crianças no ensino fundamental é um problema superado até para as classes CDE e a progressão/conclusão nessa etapa evoluiu muito. Porém, acesso e permanência não garantem que as crianças estejam, de fato, aprendendo, e a qualidade do ensino fundamental é hoje um dos desafios mais importantes de nossa educação.

Segundo dados do Todos Pela Educação, com base na Prova Brasil, cerca de 55% dos estudantes de 5º ano do fundamental no país têm desempenho acima do adequado em língua portuguesa e 43% tem este desempenho mínimo em matemática. Para o 9º ano do ensino fundamental esses índices de desempenho são ainda menores: 34% tem nota acima do adequado em português e 18%, em matemática.

A complexidade deste desafio está justamente na definição de como superá-lo. A literatura acadêmica de economia da educação mostra que não há um (nem mesmo poucos) fatores associados ao aprendizado dos alunos. Diversos estudos mostram que a aprendizagem é um fenômeno multifacetado, influenciado por diversos fatores e com grande peso do *background* familiar e de fatores intraescolares difíceis de alterar (como a qualidade dos professores e da gestão escolar). Embora já haja muito conhecimento acumulado sobre os fatores que mais influenciam a aprendizagem, a adoção de políticas mais efetivas nesse sentido ainda é uma decisão reconhecidamente complexa.

b. Aumentar a atratividade do ensino médio

Os baixos índices de aprendizagem, especialmente na segunda etapa do ensino fundamental, afetam diretamente os resultados do ensino médio. Essa etapa ainda está distante da universalização e não tem evoluído no período mais recente nem mesmo nas classes AB: o gráfico 3 mostra que 10% dos jovens de 15 a 17 anos nessas classes seguem sem estudar, índice que está estagnado desde 2001. Na classe C ainda há 15% de jovens fora da escola e nas classes DE esse índice chega a 18%.

No total, as classes CDE concentram 1,3 milhão de jovens de 15 a 17 anos que não estudam e diversos estudos mostram que as razões podem ser pessoais (necessidade de trabalho, gravidez, necessidade de ajudar em casa etc.), mas há também uma influência importante da experiência escolar. Em primeiro lugar, a aprendizagem defasada que os jovens carregam do ensino fundamental dificulta o acompanhamento dos conteúdos do ensino médio, o que leva à reprovação e ao abandono escolar. Em segundo lugar, o atual modelo de ensino médio do Brasil, que carrega um número excessivo de disciplinas, tem pouca flexibilidade e conteúdos com pouca conexão com o mundo dos jovens, desmotiva os jovens a prosseguir nos estudos.

O ensino médio brasileiro foi desenhado para atender os estudantes que almejam ingressar no ensino superior, mas não é útil para jovens que procuram outros caminhos, como acessar o ensino técnico ou ingressar diretamente no mercado de trabalho. Espera-se que a recente reforma que flexibiliza o ensino médio (Lei nº 13.415/2017), ao estabelecer uma estrutura curricular mais flexível, contribua para tornar essa etapa mais atraente para os jovens.

Os problemas do ensino médio representam um verdadeiro gargalo na educação, pois tanto o abandono quanto o atraso na conclusão do médio reduzem as oportunidades de continuidade dos estudos para os jovens. O gráfico 4 mostra que atualmente 94% dos jovens de 18 a 24 anos de classes DE e 81% dos de classe C não acessam o ensino superior. Assim, apesar dos esforços na inclusão do público CDE no ensino superior, especialmente com bolsas e subsídios, os problemas do ensino médio acabam dificultando enormemente o acesso à faculdade pelos jovens.

Quando olhamos para as duas últimas décadas, é possível apontar uma série de conquistas das classes CDE na educação. Tais conquistas são importantes porque formam para esse público uma realidade nova que não pode ser regredida: há mais crianças e jovens estudando e se diplomando. E as transformações trazidas por essa nova realidade também são definitivas, conforme mostramos nos casos. Porém, é necessário entender e não perder de vista que o caminho para a superação dos atrasos educacionais das populações mais pobres do país ainda é longo e complexo. As classes CDE só continuarão sendo transformadas por meio da educação se o poder público continuar promovendo acesso, permanência e aprendizagem.

REFERÊNCIAS

BRAUW, A. et al. The impact of Bolsa Familia on schooling. World Development, v. 70, p. 303-316, 2015.

CACCIAMALI, M. C.; TATEI, F.; FERREIRA, B. N. Impactos do Programa Bolsa Família federal sobre o trabalho infantil e a frequência escolar. *Revista de Economia Contemporânea*, v. 14, p. 269-301, 2010.

DUARTE, G. B.; SAMPAIO, B.; SAMPAIO, Y. Programa Bolsa Família: impacto das transferências sobre os gastos com alimentos em famílias rurais. *Revista de Economia e Sociologia Rural*, v. 47, n. 4, p. 903-918, 2009.

MENEZES, F. et al. *Repercussões do Programa Bolsa Família na segurança alimentar e nutricional das famílias beneficiadas*. Rio de Janeiro: Ibase, 2008.

SILVEIRA, M. R. da M.; DUARTE, G. B. Impacto do Programa Bolsa Família sobre a frequência escolar: o caso da agricultura familiar no Nordeste do Brasil. *Revista de Economia e Sociologia Rural*, v. 48, p. 635-657, 2010.

CAPÍTULO 2
HABITAÇÃO

Lauro Gonzalez
Mariel Deak

Este capítulo apresenta e analisa um conjunto de fatores relacionados com a evolução da questão habitacional no Brasil entre os anos de 1995 e 2015. Os termos habitação, moradia e mesmo "casa" estão sendo tratados aqui de maneira semelhante, o que tende a facilitar a leitura sem prejuízo de uma compreensão de detalhes importantes do tema.[1] Para além das definições e palavras utilizadas, trata-se de um assunto complexo, cuja análise extrapola a estrutura física que se materializa na posse de uma habitação. Questões urbanísticas, infraestrutura de transporte, de saneamento, de educação, lazer e cultura estão inseridas no contexto da habitação.

Como consequência, múltiplas áreas de conhecimento se conectam nesses estudos. Ou melhor, deveriam se conectar, uma vez que repetidamente, tanto nas políticas públicas concretas quanto no mundo acadêmico, há certa carência de um diálogo capaz de unir diferentes saberes em busca de soluções de longo prazo. Por exemplo, nos parece desejável maior interação entre administração pública e urbanismo nos estudos sobre habitação.

Isso posto, seguindo a linha de argumentação que perpassa todos os assuntos deste livro, queremos examinar um conjunto amplo de dados e fontes em busca de evidências sobre a evolução da questão habitacional especificamente para a população das classes CDE. Historicamente, como veremos, vários indicadores evoluíram positivamente. Não obstante, precisamos ressaltar que a análise apresentada captura apenas uma parcela das questões habitacionais, não pretendendo com isso dar respostas definitivas.

---

[1] Para detalhes acerca das definições jurídicas e da diferenciação entre habitação e moradia, ver: <https://jus.com.br/artigos/50698/direito-a-moradia-direito-a-habitacao-e-habitacao-adequada>. Acesso em: 14 nov. 2017.

Ao mesmo tempo, acreditamos ser importante atentar para a evolução apresentada, sob pena de não capturar transformações importantes ocorridas nos lares CDE.[2]

1. O que mudou?

Complexidade e escala global do desafio da habitação

Existe uma forte ligação entre qualidade de vida e condições de habitação. Diversas pesquisas de campo realizadas com a população de baixa renda evidenciam a estreita relação que as pessoas estabelecem entre seu próprio bem-estar e "morar bem". Quando indagada sobre prioridades, sonhos ou, em termos mais concretos, a eventual destinação de um aumento inesperado de renda, a população de baixa renda invariavelmente menciona aquisição da casa própria, ampliação, reformas e melhorias residenciais. Isso é bastante esperado na medida em que fatores ligados às condições de moradia acabam tendo impacto na saúde e segurança destas famílias, apenas para citar dois exemplos que podem restringir sua liberdade e capacidade, no sentido analisado por Amartya Sen.[3] Portanto, considerando a importância do tema, o poder público e a sociedade como um todo precisam enfrentar o desafio de expandir e universalizar moradias adequadas.

Em agosto de 2015, foram concluídas as negociações que deram origem aos Objetivos de Desenvolvimento Sustentável (ODS). São 17 objetivos aos quais estão associadas dezenas de metas que passaram a nortear, em maior ou menor intensidade, as políticas internas e as iniciativas de cooperação internacional[4] entre os países signatários. Um rápido exame dos documentos produzidos permite identificar que a questão habita-

---

[2] Vale ressaltar que grande parte da literatura nacional aqui mencionada localiza-se sob o guarda-chuva do que se convencionou chamar "Habitação de Interesse Social".
[3] Simplificadamente, Amartya Sen conceitua o desenvolvimento como um processo integrado de expansão de liberdade, o que é bem ilustrado pelo próprio título do livro *Desenvolvimento como liberdade* (1999).
[4] Lista completa disponível em: <www.itamaraty.gov.br/pt-BR/politica-externa/desenvolvimento-sustentavel-e-meio-ambiente/134-objetivos-de-desenvolvimento-sustentavel-ods>. Acesso em: 20 out. 2017.

cional se conecta direta ou indiretamente a praticamente todos os ODS. Combater a pobreza, reduzir desigualdades, assegurar a disponibilidade e a gestão sustentável da água e saneamento universal são apenas alguns exemplos. A relevância do tema demanda políticas de Estado, que transcendam ciclos de governo e que se materializem por meio de políticas públicas integradas. O papel da sociedade civil e das empresas é igualmente fundamental, tanto pela capacidade de atuar em parceria com o poder público quanto pela possibilidade de trazer novas ideias e tecnologias para solução dos problemas existentes.[5]

Vale lembrar que a questão habitacional não se restringe aos países pobres ou em desenvolvimento. Tem alcance global sobretudo pelos padrões semelhantes nos processos de urbanização que produziram as grandes metrópoles mundiais. O Museu de Arte Moderna (MoMA) de Nova York exibiu (2014-15) trabalhos de diversos artistas que discutiam as complexidades do rápido crescimento urbano que deu origem às megacidades de Hong Kong, Istanbul, Lagos, Mumbai, Nova York e Rio de Janeiro. A disparidade de renda entre cidades de países tão distintos acaba por esconder várias semelhanças nos desafios a serem enfrentados, permitindo ainda uma discussão sobre como soluções podem ser adaptadas para diferentes contextos cujo denominador comum é a necessidade de implementar soluções integradas, nas quais as políticas públicas habitacionais incorporem questões urbanísticas.[6] Não resta dúvida de que soluções adequadas serão baseadas em estudos que busquem integrar diferentes áreas de conhecimento, tais como arquitetura, urbanismo, políticas públicas, finanças e economia.

Ademais, o leque de soluções da Habitação de Interesse Social precisa ir além da construção e posse (*ownership*) e incluir, por exemplo, políticas de aluguel social. Embora não pretendamos aqui desenvolver um estudo comparativo entre as políticas habitacionais do Brasil e de outros países, olhar para as experiências de fora pode ajudar na diversificação das soluções.

Como parte do enfrentamento desse desafio global, diversas organizações têm se dedicado a estimar as necessidades habitacionais a fim de esta-

---

[5] Para mais detalhes, ver: <https://nacoesunidas.org/?post_type=post&s=%22Nova+Agenda+Urbana%22>.
[6] Disponível em: <www.moma.org/explore/inside_out/2013/11/06/uneven-growth-tactical--urbanisms-for-expanding-megacities/>.

belecer uma métrica que permita tanto comparações entre países quanto o acompanhamento dos resultados de políticas específicas. Mas como mensurar algo complexo? Como capturar a realidade de um tema envolvendo diversas áreas? Reduzir a questão da moradia a um índice envolve opções metodológicas que precisam ser devidamente explicitadas, sob pena de perda de legitimidade. Ademais, é preciso comedimento na interpretação dos números, que idealmente devem ser complementados por estudos qualitativos como forma de fornecer uma interpretação mais ampla e realista.

Isso posto, vários estudos utilizam o déficit habitacional, conceito que apresenta uma dimensão financeira, de maneira a capturar o tamanho do ônus que os pagamentos periódicos representam no contexto do orçamento familiar. Uma segunda dimensão busca capturar o padrão mínimo aceitável para que uma moradia seja considerada adequada. Podem ser considerados nessa dimensão o tamanho, o tipo de material empregado na construção, o projeto arquitetônico etc. Por fim, uma terceira dimensão relaciona-se com o estrato de renda escolhido. Em geral, o foco recai sobre a população de menor renda, certamente mais exposta e vulnerável à exclusão. Definir, contudo, onde se desenha a linha divisória que determina o que é menor renda pode não ser trivial. Por isso tudo, é preciso certo cuidado analítico ao abordar a questão do déficit habitacional em nível internacional, sob risco de as comparações não serem adequadas.

Antes de abordar o Brasil, vale ressaltar a ordem de grandeza do déficit habitacional no mundo, hoje estimado em cerca de 330 milhões de domicílios urbanos, mas que pode atingir 440 milhões em 2025.[7] Ou seja, estima-se que cerca de 2 bilhões de pessoas formarão um contingente excluído do acesso à moradia adequada. Portanto, em nível global, além da fotografia inicial ruim, o filme revela uma tendência de piora, o que compromete seriamente os objetivos de desenvolvimento sustentável.

O caso americano é emblemático. Estudo recente, utilizando dados de uma das maiores empresas de hipotecas do país, mapeou os mesmos domicílios de nove estados americanos entre 2010 e 2016, o que permitiu acompanhar a evolução do ônus financeiro dos domicílios de menor renda.

---

[7] Disponível em: <http://globalhousingindicators.org/en/content/mckinsey-global-institute-blueprint-addressing-global-affordable-housing-challenge. Acesso em: 24 out. 2017.

Considerando inadequado um comprometimento superior a 30% da renda domiciliar, para a população de baixa renda o número de moradias consideradas adequadas (*affordable*) caiu cerca de 60% no período. Tomando o país (EUA) como um todo, entre 2010 e 2016, para a população classificada como de "renda muito baixa", a porcentagem de moradias adequadas cai de 11,3% para 4,3%. Para a população de "renda baixa", os números também pioram, caindo de 71,3% para 65,2%.[8]

Aumento no preço dos aluguéis, renda domiciliar estagnada e uma expectativa de mudanças nas políticas federais na direção de cortes nos subsídios públicos são fatores que concorreram para explicar o movimento de piora detectado. Um tanto alarmante, em alguns estados americanos, o acesso a moradias adequadas é praticamente inexistente para a parcela mais pobre da população. Isso tudo no país de maior poderio econômico do planeta, o que confere um *status* mundial aos desafios da habitação.

O déficit habitacional no Brasil

Diante da já mencionada complexidade das questões envolvendo habitação, merece destaque o trabalho de coleta e análise de dados que vem sendo realizado pela Fundação João Pinheiro (FJP),[9] que acaba sendo fonte para uma parcela relevante dos estudos, sobretudo empíricos, em torno da questão da moradia. A FJP desenvolveu uma metodologia, aprimorada ao longo do tempo, para estimar as necessidades habitacionais divididas em dois segmentos distintos: déficit habitacional e inadequação de moradias. Ambos estimados a partir da utilização de bases de dados públicas, notadamente a Pesquisa Nacional por Amostra de Domicílios (Pnad), realizada pelo IBGE.

No momento em que o presente capítulo estava sendo escrito, a FJP havia disponibilizado informações preliminares atualizadas (ano de 2015) somente sobre o déficit habitacional. Na metodologia da FJP, o déficit

---

[8] O estudo foi feito pela Freddie Mac e maiores detalhes podem sem encontrados em: <www.freddiemac.com/research/insight/20171103_rental_affordability.html>. Acesso em: 18 nov. 2017.
[9] Disponível em: <www.fjp.mg.gov.br/index.php/produtos-e-servicos1/2742-deficit-habitacional-no-brasil-3>.

habitacional é calculado a partir da soma de quatro componentes:[10] (i) domicílios precários; (ii) coabitação familiar; (iii) ônus excessivo com aluguel urbano; e (iv) adensamento excessivo de domicílios. A forma de cálculo evita dupla contagem de domicílios que podem estar incluídos em mais de um componente.

Importante notar que os componentes utilizados se alinham aos estudos internacionais na medida em que procuram capturar as características físicas diversas das moradias e o ônus financeiro para a população de baixa renda. Como parte do primeiro componente, os chamados domicílios precários englobam as habitações rústicas, cujas características, tais como ausência de paredes de alvenaria ou madeira aparelhada, comprometem as condições de salubridade. Incluem ainda os domicílios improvisados, ou seja, locais e imóveis sem fins residenciais que servem como moradia alternativa, como pontes, viadutos etc.

O segundo componente, coabitação familiar, inclui as habitações coletivas, várias vezes chamadas de cortiços mas cujos nomes variam conforme a região do Brasil. Inclui ainda as famílias denominadas secundárias, ou seja, que dividem a moradia com a família principal mas desejam constituir novo domicílio, permanecendo onde estão, em geral, por restrições econômico-financeiras. O terceiro componente busca computar o ônus excessivo com aluguel urbano, correspondendo ao número de famílias urbanas, com renda familiar de até três salários mínimos, cujos gastos com aluguel correspondam a 30% ou mais de sua renda. Finalmente, o quarto e último componente busca capturar o adensamento excessivo em domicílios alugados, definido como os domicílios alugados com um número médio superior a três moradores por dormitório.

A tabela 1 contém a evolução do déficit habitacional em termos absolutos, ou seja, em número de domicílios, e em termos relativos, quando se leva em conta o déficit em relação ao total de domicílios do país.

A série apresentada na tabela 1 inicia-se em 2007 pois a própria FJP destaca que nessa data foram incluídas as principais alterações e aprimoramentos no cálculo do déficit habitacional, com a adição da pergunta

---

[10] Disponível em: <www.fjp.mg.gov.br/index.php/docman/cei/723-estatisticas-informacoes-3-deficit-habitacional-16-08-2017versao-site/file>. Acesso em: 30 out. 2017.

TABELA 1. **Evolução do déficit habitacional**

Ano	Déficit absoluto (milhares de domicílios)	Déficit relativo (% do total de domicílios)
2007	5.989	10,4
2008	5.546	9,4
2009	5.998	10,2
2011	5.581	9,0
2012	5.430	8,5
2013	5.846	9,0
2014	6.068	9,0
2015	6.355	9,3

Fonte: Fundação João Pinheiro.

relativa à vontade das famílias conviventes secundárias de constituir novo domicílio. Ademais, cumpre ressalvar que os números de pesquisas como a Pnad podem oscilar tanto devido à seleção da amostra quanto por retratarem alterações que de fato ocorreram. Em 2010, não houve Pnad, aparentemente justificado pelo envolvimento do IBGE nos trabalhos de coleta de dados para o censo. Quando tomamos o período como um todo, os números retratam uma evolução discretamente favorável, com redução do déficit entre 2007 e 2015. Entretanto, é possível claramente dividir a tabela em dois períodos distintos. Entre 2007 e 2012, as evidências de queda são maiores. De fato, os anos citados são o ápice e o vale para os números do déficit habitacional, considerando todo o período da tabela. Os três anos mais recentes, de 2013 a 2015, mostram uma piora, ainda que relativamente discreta. A análise pode ser incrementada detalhando a evolução dos componentes, citados anteriormente. A tabela 2 retrata o número absoluto e o peso de cada componente dentro do déficit habitacional até o ano de 2014.

Observando os dados da tabela 2, notamos que os componentes do déficit tiveram trajetórias distintas. De fato, a própria FJP destaca que uma das principais mudanças no déficit habitacional no período está relacionada com sua composição. Em 2007, o componente de maior peso era a coabitação familiar, que respondia por 42,4% do total do déficit. Em segundo lugar estava o ônus excessivo com aluguel (29,8%), seguido pela habitação precária (21,6%) e o adensamento excessivo em domicílios alugados (6,3%).

TABELA 2. **Evolução das componentes do déficit habitacional**

Número de domicílios e Déficit relativo	Déficit Habitacional								
	Total	Precários		Coabitação		Ônus		Adensamento	
		Absoluto	Relativo	Absoluto	Relativo	Absoluto	Relativo	Absoluto	Relativo
2007	6.272.645	1.442.146	22,99%	2.463.988	39,28%	2.017.513	32,16%	348.998	5,56%
2008	5.549.034	1.138.890	20,52%	2.182.002	39,32%	1.888.203	34,03%	339.939	6,13%
2009	5.998.909	1.064.457	17,74%	2.480.465	41,35%	2.088.458	34,81%	365.529	6,09%
2010	6.949.691	1.343.435	19,36%	2.991.313	43,10%	2.124.404	30,61%	481.539	6,94%
2011	5.581.986	1.187.903	21,28%	1.916.716	34,34%	2.091.392	37,47%	385.957	6,91%
2012	5.430.562	883.777	16,27%	1.865.457	34,35%	2.310.642	42,55%	370.686	6,83%
2013	5.846.040	997.264	17,06%	1.904.985	32,59%	2.553.436	43,68%	390.255	6,68%
2014	6.068.061	863.030	14,22%	1.911.598	31,50%	2.926.543	48,23%	366.890	6,05%

Fonte: Fundação João Pinheiro.

GRÁFICO 1. **Evolução dos componentes do déficit habitacional** (milhares de domicílios)

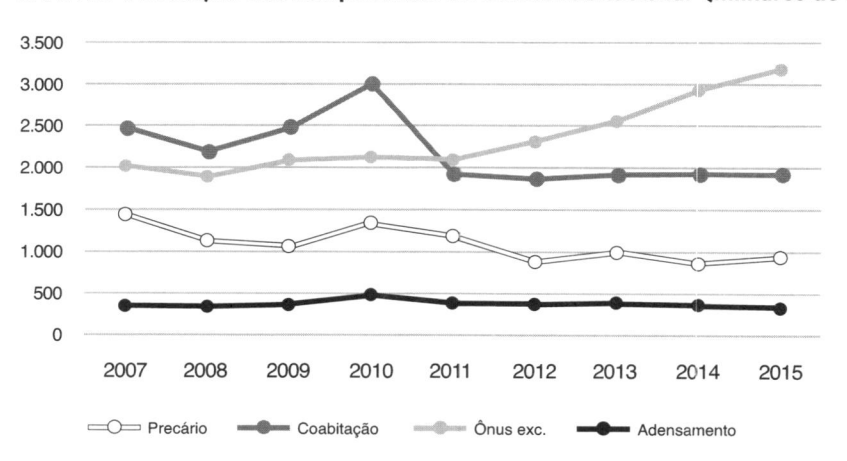

Fonte: Fundação João Pinheiro.

Em um horizonte temporal de apenas cinco anos, o ônus excessivo com aluguel passa a responder por quase a metade do déficit (42,5%), seguido pela coabitação familiar (34,4%), pela habitação precária (16,3%) e pelo adensamento excessivo em domicílios alugados (6,8%); este último, como já mencionado, tem variação relativamente menor ao longo do tempo.

O crescimento acelerado do ônus com aluguel precisa ser mais bem compreendido. O contexto no qual ocorreu foi marcado por uma grande valorização do preço dos imóveis, a ponto de muitos considerarem ter havido uma bolha imobiliária no Brasil.[11] Assim, uma das hipóteses é que os ganhos de renda não acompanharam os preços dos aluguéis, em especial aqueles localizados nas áreas urbanas, e uma parcela maior da renda familiar passou a ser comprometida. Tal fato é corroborado quando se observa que o componente de ônus excessivo com aluguel tem maior incidência nas regiões metropolitanas do país.

Interessante também notar que a mudança na composição do déficit habitacional brasileiro o torna similar àquele de países desenvolvidos. Em outras palavras, do ponto de vista qualitativo, uma vez que não estamos falando de comparar os tamanhos dos déficits, o ônus excessivo com aluguel em regiões urbanas tem uma importância relativa maior nos países relativamente mais ricos. A menção ao caso americano, feita anteriormente, reforça essa constatação.

Recortes para as classes CDE

Tanto a estimativa do déficit habitacional quanto da inadequação de moradias é afetada por mudanças nas variáveis que fazem parte da Pnad. Tais mudanças, vale ressaltar, são normais e tendem a ocorrer periodicamente, em meio a tentativas de aperfeiçoamento das metodologias do IBGE. O problema é que isso acaba dificultando o acompanhamento de longo prazo das estatísticas relacionadas com as necessidades habitacionais. Assim, como forma de complementar a discussão anterior, vamos examinar um conjunto de dados de longo prazo com corte exclusivo nas classes CDE, termo que ganhou o centro das atenções no auge do entusiasmo com o bom momento da economia brasileira nos anos 2012-13. O conceito de "nova classe média" passou a ser largamente utilizado e os mais otimistas

---

[11] Disponível em: <https://exame.abril.com.br/seu-dinheiro/brasil-vive-bolha-imobiliaria-dizem-professores-da-fgv/2/>.

enxergavam o Brasil como novo membro do seleto clube dos "países de classe média", nos moldes europeu e norte-americano.

Mesmo na euforia, vários alertavam[12] que os paralelos traçados com países desenvolvidos baseavam-se em uma visão simplificadora, segundo a qual classe média não se define apenas pelo critério renda, envolvendo também o acesso a outros recursos, tais como capital cultural e social. O papel desempenhado pelo acesso a recursos diversos, que vão além da renda, engendraria certo nível de estabilidade social e propiciaria atenuar efeitos de choques adversos, além de permitir certa capacidade de manter um nível de bem-estar adequado ao longo do tempo.

Os dados apresentados a seguir levam em conta a definição de classes CDE constante na introdução deste livro. Buscamos apresentar os dados priorizando enxergar a evolução das classes DE. Assim, é possível detectar eventuais diferenças nas trajetórias entre CDE como um todo ou da classe C isoladamente e os "mais pobres dentre os pobres," pertencentes a DE.

A tabela 3 mostra que o espaço das moradias CDE cresceu de forma relevante no período 1995-2015. Do total de domicílios CDE em 1995, cerca de 6% tinham no máximo dois cômodos. Em 2015, o mesmo número é de pouco mais de 2%. Ao mesmo tempo, ocorre um aumento nas proporções de domicílios maiores. Examinando unicamente as classes DE, as evidências apontam para a mesma direção.

TABELA 3. **Espaço de moradia das classes CDE**

Número de cômodos	1995	2015	Variação
1 a 2	1,6 Mi	1,1 Mi	- 31%
3 a 5	14,3 Mi	27,3 Mi	+ 191%
6 a 10	9,5 Mi	21,0 Mi	+ 121%

Fonte: Pnad.

---

[12] Ver capítulo 2 de Gonzalez e Porto (2015).

GRÁFICO 2. **Espaço de moradia das classes DE (número de domicílios)**

— De 1 até 2 cômodos
— De 3 até 5 cômodos
— De 6 até 10 cômodos

Fonte: Pnad.

Os números dos dois gráficos a seguir representam uma medida de densidade por dormitório, ou seja, quantas pessoas dormem no espaço de um dormitório. Assume-se que a diminuição desse número tenha efeito positivo sobre o bem-estar. Houve queda no número de domicílios nos quais havia maior densidade, tanto para CDE como um todo quanto para as classes DE vistas separadamente.

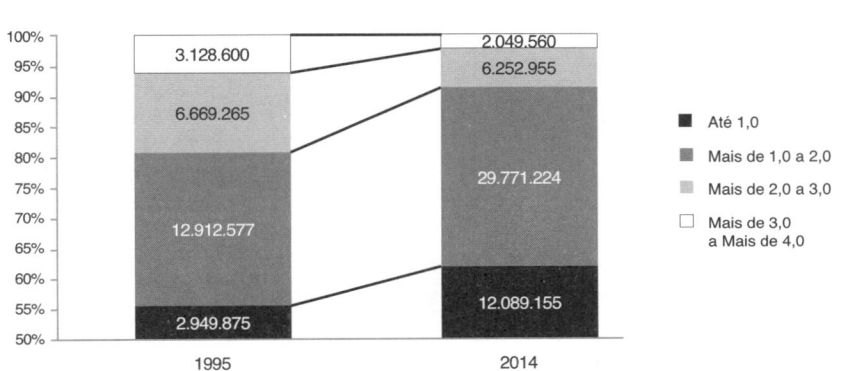

GRÁFICO 3. **Densidade por dormitório das classes CDE**

	1995	2014
Até 1,0	2.949.875	12.089.155
Mais de 1,0 a 2,0	12.912.577	29.771.224
Mais de 2,0 a 3,0	6.669.265	6.252.955
Mais de 3,0 a Mais de 4,0	3.128.600	2.049.560

Fonte: Pnad.

GRÁFICO 4. **Densidade por dormitório — classes DE (número de domicílios)**

- Até 1,0
- Mais de 1,0 a 1,5
- Mais de 1,5 a 2,0
- Mais de 2,0 a 2,5
- Mais de 2,5 a 3,0
- Mais de 3,0 a 4,0
- Mais de 4,0

Fonte: Pnad.

Os gráficos a seguir mostram variáveis que visam capturar as condições físicas das moradias, primeiramente para o agregado da classe C e depois para as classes DE exclusivamente. Em ambos os casos, verificamos aumento na incidência de paredes de alvenaria e telhado de telha.

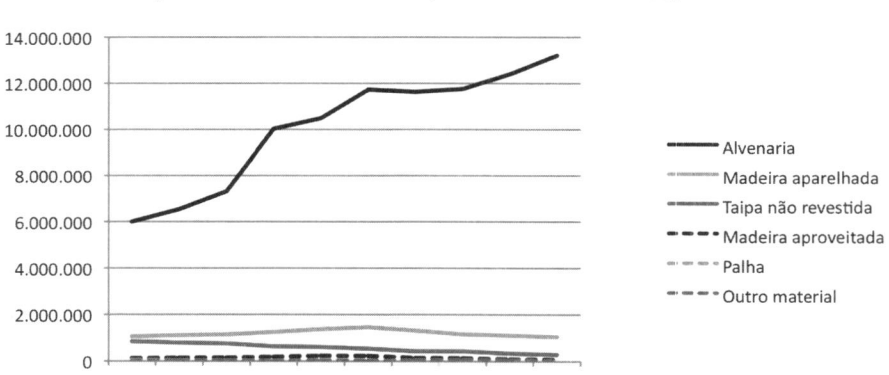

GRÁFICO 5. **Tipo de Parede — classe C (número de domicílios)**

- Alvenaria
- Madeira aparelhada
- Taipa não revestida
- Madeira aproveitada
- Palha
- Outro material

Fonte: Pnad.

Habitação 59

GRÁFICO 6. **Tipo de Parede — classes DE (número de domicílios)**

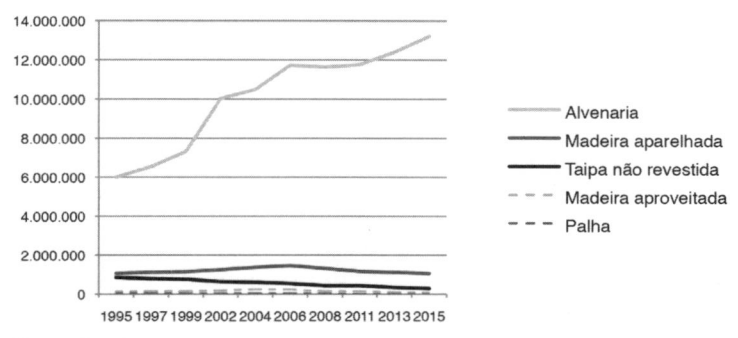

- Alvenaria
- Madeira aparelhada
- Taipa não revestida
- Madeira aproveitada
- Palha

Fonte: Pnad.

GRÁFICO 7. **Tipo de telhado — classe C (número de domicílios)**

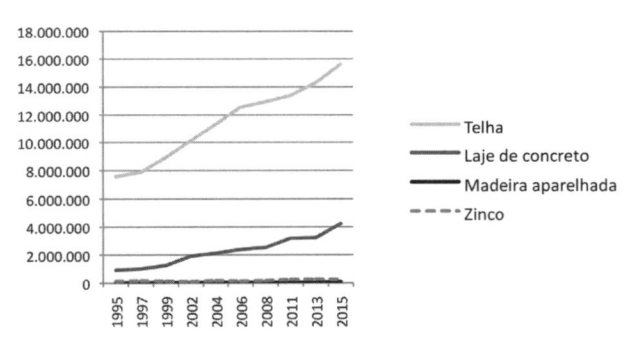

- Telha
- Laje de concreto
- Madeira aparelhada
- Zinco

Fonte: Pnad.

GRÁFICO 8. **Tipo de telhado — classes DE (número de domicílios)**

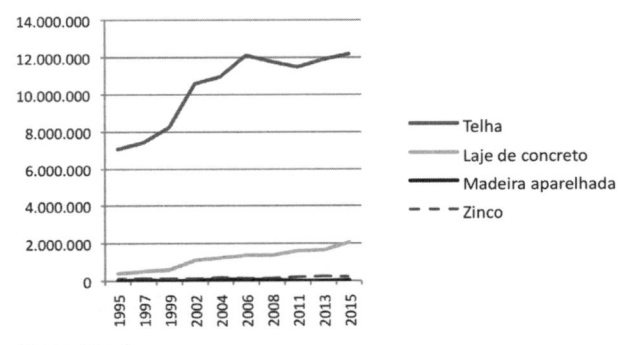

- Telha
- Laje de concreto
- Madeira aparelhada
- Zinco

Fonte: Pnad.

2. Por que mudou?

Políticas sociais, formalização e salário mínimo

Como vimos, os quatro componentes do déficit habitacional evoluíram de maneira distinta. Os dados disponíveis mostram evidências de que, como um todo, o déficit habitacional relativo diminuiu discretamente nos últimos anos, embora a pressão financeira para pagamento de aluguel tenha aumentado sensivelmente. A trajetória de queda dos componentes habitações precárias e coabitação familiar pode ser explicada por fatores que afetam de forma mais direta as camadas relativamente mais pobres da população.

Devemos lembrar que, nos fenômenos socioeconômicos, os efeitos de diversos fatores, geralmente correlacionados, tendem a se combinar de maneira a produzir certos resultados. Foi o que aconteceu no caso da habitação. Ações de governo, políticas públicas específicas, dinâmica do mercado de crédito, entrada em cena de arranjos inovadores envolvendo governo e movimentos de moradia ou ainda iniciativas da sociedade civil são os prováveis fatores. Vale lembrar ainda que prevaleceu, pelos menos durante alguns anos do período recente, um contexto de crescimento da economia brasileira, contribuindo para os efeitos positivos dos fatores anteriores.

Em termos específicos, é imprescindível destacar a ampliação de programas habitacionais voltados para as faixas de renda mais baixas, notadamente o Minha Casa Minha Vida (MCMV), que será mais bem discutido adiante. A manutenção de programas de transferência de renda, com destaque para o Bolsa Família, e o aumento na formalização são discutidos no capítulo sobre posse de bens e não repetiremos aqui os argumentos.

Por outro lado, vale ressaltar que houve um significativo aumento real do salário mínimo que afetou positivamente o bolso dos mais pobres e colaborou para a redução das habitações precárias. Entre 1996 e 2012, o aumento real foi de 119%. Em termos comparativos, em 1996 o salário mínimo representava 34% da mediana da renda, subindo para 60% em 2012.

Sabemos que o aumento real do salário mínimo é uma estratégia que precisa ser devidamente calibrada, sob pena de provocar um descompasso entre o crescimento da remuneração e a produtividade do trabalho. No curto prazo, é possível adotar políticas redistributivas que aumentem a renda dos mais pobres, sem necessariamente obter aumentos na produtividade.

Além disso, em países de elevada desigualdade, como é o caso brasileiro, essas estratégias de curto prazo podem se justificar. Há evidências na literatura econômica apontando que aumentos no salário mínimo contribuem para redução da desigualdade, inclusive estudos recentes sobre o caso brasileiro.[13] Entretanto, no longo prazo, as políticas redistributivas precisam ser combinadas com crescimento de produtividade. Aí sim teremos soluções estruturais e sustentáveis ao longo do tempo.[14]

Em suma, o aumento real do salário mínimo é um elemento adicional para ajudar a compreender por que o número de habitações precárias caiu, puxando para baixo o déficit habitacional. Considerando a importância atribuída à moradia, uma parcela significativa da baixa renda prioriza investir em melhorias residenciais, o que provavelmente ocorreu em maior intensidade quando havia mais renda disponível.

TABELA 4. **Reajuste e evolução do salário mínimo — 2003-14**

Período	Salário mínimo (R$)	Reajuste nominal (%)	INPC (%)	Aumento real (%)
Abr. 2002	200,00			
Abr. 2003	240,00	20,00	18,54	**1,23**
Maio 2004	260,00	8,33	7,06	**1,19**
Maio 2005	300,00	15,38	6,61	**8,23**
Abr. 2006	350,00	16,67	3,21	**13,04**
Abr. 2007	380,00	8,57	3,3	**5,1**
Mar. 2008	415,00	9,21	4,98	**4,03**
Fev. 2009	465,00	12,05	5,92	**5,79**
Jan. 2010	510,00	9,68	3,45	**6,02**
Jan. 2011	545,00	8,86	6,47	**0,37**
Jan. 2012	622,00	14,13	6,08	**7,59**
Jan. 2013	678,00	9,00	6,2	**2,64**
Jan. 2014	724,00	6,78	5,56	**1,16**
Total período	-	**262,00**	**110,05**	**72,31**

Fonte: Diese.

---

[13] Estudo recente sobre o efeito da política de salário mínimo na desigualdade no Brasil, no qual a análise empírica envolve um período semelhante ao aqui utilizado, pode ser encontrado em: <https://papers.ssrn.com/sol3/papers.cfm?abstract_id=2940013>.
[14] Uma discussão sobre os principais desafios das políticas de inclusão pode ser encontrada em: <http://interessenacional.com.br/2016/01/05/desafios-ao-crescimento-inclusivo-brasileiro/>.

Crédito imobiliário

Os dados disponíveis mostram ter havido uma mudança de patamar nos volumes de crédito habitacional no período aqui analisado. Conforme o BCB, entre 2007 e 2016, o saldo da carteira de crédito para financiamento imobiliário de pessoas físicas saltou de aproximadamente R$ 50 bilhões para cerca de R$ 600 bilhões. Quando se compara o total de crédito imobiliário com o PIB, os números citados passaram de 1,8%, em 2007, para quase 10%, em 2016.

Vale dizer que o mercado de crédito como um todo se expandiu, sobretudo o crédito para consumo. A participação do crédito total no PIB, que girava em torno de 25% em 2007, chegou a atingir 56% em 2015, posteriormente recuando para um patamar que hoje se situa em torno de 47%, fato justificado em meio à crise e à recessão que se instalaram nos últimos três anos. Entretanto, a despeito dos altos e baixos dos volumes de crédito total, o gráfico 9 mostra que, especificamente no caso do crédito imobiliário, o crescimento foi ininterrupto.

Do ponto de vista econômico-financeiro, a casa própria constitui um ativo físico dotado do chamado valor de uso, como moradia, e reserva de valor, como um ativo real ou tangível que possui valor intrínseco. O crédito imobiliário, ao viabilizar a aquisição da casa própria, acaba se revelando decisivo para o processo de acumulação de capital das famílias, com potenciais

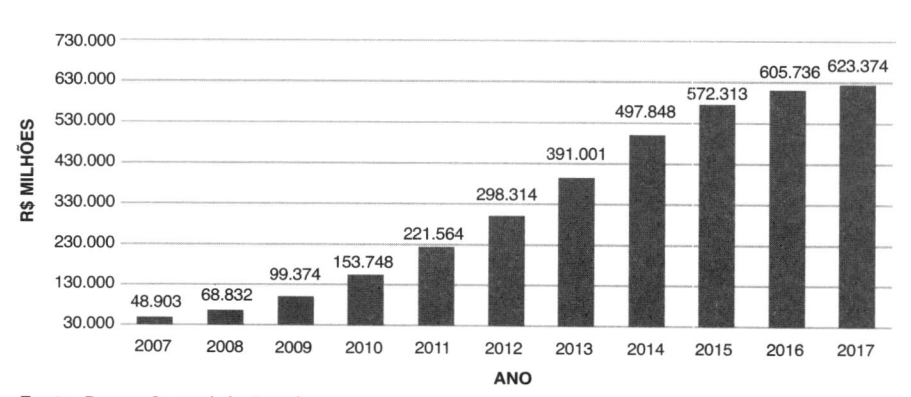

GRÁFICO 9. **Evolução do volume de crédito imobiliário**

Ano	R$ Milhões
2007	48.903
2008	68.832
2009	99.374
2010	153.748
2011	221.564
2012	298.314
2013	391.001
2014	497.848
2015	572.313
2016	605.736
2017	623.374

Fonte: Banco Central do Brasil.

GRÁFICO 10. **Taxa média de juros em operações de crédito — pessoa física**

Ano	Crédito habitacional	Operação de crédito
2011	10,010	34,47
2012	7,840	27,68
2013	8,770	28,58
2014	8,920	30,55
2015	10,030	38,04
2016	10,860	41,97

Fonte: Banco Central do Brasil.

efeitos sobre bem-estar e qualidade de vida. Por essas razões, é possível afirmar que o crédito habitacional ocupa um lugar nobre entre as modalidades de crédito. Não se trata de condenar nenhuma modalidade de crédito específica, mas o financiamento imobiliário tem como contrapartida esperada o aumento patrimonial dos devedores. Ademais, as taxas de juros cobradas e a inadimplência são, geralmente, menores do que as cobradas em diversas outras modalidades, o que significa maior qualidade de carteira de crédito.

Não é possível desvincular a história da moradia no Brasil dos mecanismos de financiamento habitacionais existentes, incluindo aqueles disponibilizados por políticas de governo. Soluções estruturadas de financiamento ganham força somente a partir do processo de urbanização e da visão política instaurada a partir da década de 1930, no início da era Vargas.[15] Antes disso, basicamente, os recursos canalizados para habitação eram eminentemente privados e oriundos dos excedentes das atividades agrícolas, com destaque para o café. Maiores detalhes e um breve retrospecto histórico das políticas públicas habitacionais serão apresentados na seção seguinte.

---

[15] Fundação Getulio Vargas (FGV). O crédito imobiliário no Brasil: caracterização e desafios. 2007. Disponível em: <www.abecip.org.br/download?file=trabalho-fgv.pdf>.

Fato é que, historicamente, o funcionamento e desenvolvimento do mercado de crédito habitacional brasileiro é sobremaneira marcado pela ausência de fontes de financiamento de longo prazo, problema acentuado pelos longos períodos de inflação elevada que caracterizaram a história econômica do país. Ainda hoje permanece o desafio de cumprir a intuitiva "regra de ouro" da administração financeira: casamento de prazos entre ativos e passivos. Somente captações de longo prazo são compatíveis com a concessão de empréstimos de longo prazo, como é tipicamente o caso do crédito imobiliário. A relativa estabilidade inflacionária obtida a partir de 1994, com a introdução do real como nova moeda, contribuiu de maneira relevante na medida em que conferiu maior normalidade e segurança às decisões de longo prazo, afetando favoravelmente disposições tanto de financiamento quanto de investimento habitacional.

Entretanto, o controle da inflação é apenas parte do desafio. Um obstáculo adicional é a necessidade de construir um arcabouço jurídico e institucional que propicie maior segurança às partes envolvidas, sobretudo aos credores.[16] Nesse sentido, merece destaque a criação do Sistema de Financiamento Imobiliário (SFI), ainda na década de 1990 (1997). Diferentemente do Sistema Financeiro de Habitação, o SFI buscava ampliar as soluções de mercado para o financiamento habitacional, com destaque para criação e incentivo ao uso de instrumentos de securitização e introdução do mecanismo de alienação fiduciária dos imóveis. Embora essas mudanças tenham afetado positivamente o arcabouço jurídico e institucional, as turbulências macroeconômicas, sobretudo aquelas advindas do setor externo da economia, e os juros persistentemente elevados adiaram o deslanche esperado de mercado, que ocorreu em um cenário mais favorável, a partir de 2003-04, ganhando novo ímpeto a partir de 2009, com o lançamento do programa Minha Casa Minha Vida.

Em síntese, o crescimento expressivo do crédito habitacional se insere em um contexto no qual vários fatores se somaram para produzir significativos aumentos de volume. Desde aprimoramentos jurídicos, a partir de

---

[16] Um detalhamento das medidas legais que colaboraram para a expansão do crédito imobiliário pode ser encontrado em Silva (2014). Coordenação governamental no presidencialismo de coalizão brasileiro: estudo de caso sobre o Ministério das Cidades no Governo Lula.

1997, passando pela alocação de recursos para viabilização do Minha Casa Minha Vida, em 2009, é possível afirmar que a trajetória do mercado de crédito habitacional foi condicionada por diversos fatores que transcenderam mandatos ou partidos e que se somaram de maneira decisiva para a mudança de patamar do mercado de crédito imobiliário.

Minha Casa Minha Vida[17]

Poucos discordam que o fato recente de maior importância para quem acompanha as questões habitacionais no Brasil foi a criação do Programa Minha Casa Minha Vida (PMCMV), em 2009. Somente considerando o volume de recursos mobilizado, incluindo um montante de subsídio de dezenas de bilhões de reais direcionado para baixa renda, já confere ao programa um destaque histórico. Algumas iniciativas, em tese, deveriam ter atendido a baixa renda. Entretanto, dos Institutos de Aposentadoria e Pensões (IAP) e, mais tarde, da Fundação da Casa Popular (FCP), na era Vargas,[18] ao Banco Nacional de Habitação (BNH),[19] nos anos 1960 e 1970, não podemos falar em soluções que atenderam de maneira relevante, com a escala necessária, a população de baixa renda. As explicações são uma combinação de falta de aportes de recursos em montante e regularidade necessárias, além de falta de controle e perda de capital investido em ambientes inflacionários.

No governo Fernando Henrique Cardoso, a criação do SFI e a introdução da alienação fiduciária, citadas anteriormente, foram inovações importantes. Em tese, o fato de o financiador ter a possibilidade de retomar o imóvel em caso de inadimplência potencialmente cria incentivos que podem reduzir o risco moral e reforçar mecanismos de garantia, o que reduz riscos de crédito e incentiva o aporte de recursos por parte do sistema financeiro tradicional. Nada garante, entretanto, que tais medidas, por si só, serão capazes de incluir as pessoas de baixa renda no mercado.

---

[17] Parte dessa seção se baseia em Ambrózio e Gonzalez (2014).
[18] Uma análise sobre a evolução das políticas habitacionais pode ser encontrada em diversos trabalhos de Nabil Bonduki, como Bonduki (2009).
[19] Uma discussão sobre o BNH e sua trajetória é apresentada em Azevedo (1988).

No início do governo Lula, foi criado o Ministério das Cidades em conformidade com o almejado objetivo de colocar em prática estratégias integradas que harmonizassem medidas de política habitacional e de desenvolvimento urbano. Foi estabelecido também o Conselho Nacional das Cidades e o Sistema Nacional de Habitação de Interesse Social (SNHIS). Além disso, também foi elaborado o Plano Nacional de Habitação, com forte participação social, principalmente por meio da Conferência Nacional das Cidades.

O Brasil vivenciava um período de crescimento, o que facilitou o acesso a fontes de financiamento. Houve ampliação de recursos por meio da combinação do FGTS e de formas de subsídio. No segundo mandato de Lula, os rumos das políticas habitacionais passam a ser fortemente influenciados pela Casa Civil e pelo Ministério do Planejamento, Orçamento e Gestão (MPOG). Esse arranjo também foi fortemente marcado pela articulação com o empresariado da construção civil, compondo assim a estrutura de governança que marcou o desenho do Programa Minha Casa Minha Vida.

Devido ao então contexto de crise financeira (*subprime*), o objetivo econômico de política anticíclica sempre foi um traço importante do PMCMV. É exatamente neste caráter híbrido, de política anticíclica e habitacional, que residem as maiores ambiguidades do programa. Para alguns (Krause, Balbim e Lima Neto, 2013), o programa responderia mais aos interesses do mercado do que aos princípios e estratégias definidos para a política de habitação. Essa tensão sempre esteve presente no interior do governo. Grupos ligados aos movimentos de reforma urbana tiveram maior expressão durante o primeiro período de atuação do Ministério das Cidades. Já no segundo governo Lula, o grupo mais articulado com o empresariado da construção civil passou a ganhar mais influência, em forte coordenação com a Caixa e a Casa Civil.[20]

A preocupação com o incentivo à atuação da construção civil parece de fato ter predominado; tanto é verdade que, logo após sua criação, o MCMV foi incorporado ao Programa de Aceleração do Crescimento (PAC). Isso trazia a vantagem de colocar a questão habitacional no topo da agenda governamental. Por outro lado, trazia dúvidas sobre um balanceamento

---

[20] Para uma discussão envolvendo a coordenação governamental no contexto do PMCMV, ver Silva (2014).

adequado de interesses ou uma preponderância da visão do empresariado. Obviamente, não se tratou de um jogo de negociação de soma zero. Apesar de a política ter sido formulada pela alta burocracia do governo federal e pelos empresários da construção civil, algumas demandas sugeridas no processo anterior da formação da política habitacional foram contempladas, como a inclusão da população que ganha entre zero e três salários mínimos, que compõe 80% do déficit habitacional no Brasil.

As principais fontes de recursos do MCMV são o FGTS, Fundo de Arrendamento Residencial (FAR), Fundo de Desenvolvimento Social (FDS), além de oferta pública de recursos, ou seja, aportes do governo federal sobretudo destinados a financiar as operações de beneficiários de menor renda familiar, a chamada faixa 1, como é possível visualizar na tabela 5. Cumpre ressaltar que as faixas e os valores aplicados podem se alterar, mas os números seguintes dão um bom retrato da dimensão do MCMV.

Como se vê, o PMCMV teve uma diversidade de fontes de recursos à disposição, o que tende a aumentar a oferta de subsídios. Com isso, o acesso ao financiamento habitacional foi bastante facilitado uma vez que muitas famílias teriam dificuldades para arcar com o pagamento da parcela

TABELA 5. **Modalidades do PMCMV, fontes de recursos e número de unidades contratadas pela Caixa até 12/11/2014**

Modalidade do PMCMV	Renda das famílias	U.H. contratadas	Porcentagem	Fundo/fonte financiamento
Faixa 1 (PMCMV-Entidades)	Até 1.600 reais	50.811	1,62%	FDS e OPR
Faixa 1 (restante)	Até 1.600 reais	1.142.317	36,46%	FAR e OPR
Faixa 2	Entre 1.600 e 3.100 reais	1.466.850	46,82%	FGTS e OPR
Faixa 3	Até 5.000 reais	337.336	10,77%	FGTS
Habitação rural	Até 60.000 reais anuais	135.702	4,33%	OPR
TOTAL		3.133.016		

Fonte: Extraída de Ambrózio e Gonzalez (2014). Ver nota de rodapé 8, neste capítulo.

de entrada do financiamento. Para que se tenha uma ideia da ordem de grandeza do MCMV, dados do Ministério do Planejamento para o ano de 2013 salientavam que o programa respondia por cerca de 21% do volume total de crédito habitacional no Brasil.

Da tabela anterior, vale esclarecer que o PMCMV-Entidades tem características diferenciadas. O nome advém do fato de haver entidades da sociedade civil, de atuação local, que intermediam as relações com as famílias beneficiárias, reunindo a comunidade e organizando os trabalhos e o planejamento das atividades de construção, além de indicarem responsáveis técnicos pelas obras.

Além da diversidade das fontes de financiamento, há duas características centrais para explicar a escala obtida pelo programa. A primeira é o alto grau de flexibilidade e diversidade das articulações presentes nas modalidades ou faixas. O PMCMV permitia a participação de vários atores, como também poderia se concretizar sem adesão de alguns deles. Por exemplo, governos estaduais poderiam participar dos arranjos, por outro lado, sua não adesão não impediria a atuação do programa nos estados. Ou ainda, no caso do MCMV-Entidades, as construtoras podem ou não participar, já que é possível a produção direta pela entidade, assim como os estados, que podem ou não oferecer contrapartidas. Em suma, havia razoável capacidade de adaptação à realidade político-econômica de cada localidade.

A segunda característica se relaciona com o papel da Caixa Econômica Federal (CEF) como agente operacional e financeiro. Trata-se do grande articulador e implementador do programa, sendo o único ator presente em todos os arranjos possíveis. Isso não seria uma grande vantagem não fosse a CEF a instituição financeira historicamente líder em financiamento habitacional no Brasil e que, como tal, conta com uma estrutura privilegiada para lidar com moradia para a população de menor renda, sobretudo por meio de vasta capilaridade em todo território nacional.

Críticas ao Minha Casa Minha Vida

Dificilmente um programa com a escala do PMCMV não precisará ser aprimorado ao longo do tempo. Uma gama significativa de críticas se fundamenta na precária inserção dos empreendimentos financiados na malha urbana ou ainda seu afastamento em relação às diretrizes previstas no Plano Nacional de Habitação. Além disso, os componentes do déficit habitacional parecem ter sido utilizados de maneira limitada pelo programa, por exemplo, seria possível alocar recursos utilizando a distribuição geográfica do déficit, com foco nos, de fato, mais pobres. Um denominador comum às críticas é o equívoco de adotar uma solução massificada que vai contra diversidades urbanas, organizacionais e familiares. Ou ainda a ausência e/ou deficiência de serviços públicos e infraestrutura urbana, além da baixa qualidade das moradias.[21]

Por questões de espaço e pelo fato de a abordagem aqui empregada pôr em maior relevo os aspectos de natureza econômicos e financeiros do PMCMV, as críticas anteriores não serão aprofundadas aqui e o leitor interessado poderá ir aos detalhes a partir das referências bibliográficas fornecidas.

Queremos olhar mais detidamente para duas críticas correlacionadas: focalização e gestão dos subsídios. A focalização aqui diz respeito à priorização da população de menor renda no âmbito do programa. Se o objetivo principal for combater o déficit habitacional brasileiro, as ações deverão se concentrar nos pobres. Entretanto, isso não ocorreu. Tomando o ano de 2014, enquanto a população com renda de até três salários mínimos representava 83,9% do total do déficit urbano, apenas 36% das contratações do PMCMV destinavam-se à famílias com renda inferior a R$ 1.600,00.

Aqui chegamos à gestão dos subsídios. Em tese, os subsídios empregados pelo PMCMV variavam de acordo com a renda e a modalidade de enquadramento do beneficiário. Alguns correspondiam quase à totalidade do valor de aquisição ou readequação do imóvel, caso das faixas de menor renda da habitação rural e das famílias que se enquadrassem na faixa 1 ou fossem atendidas pelo PMCMV-Entidades. No caso da faixa 1, a prestação mensal máxima deveria ser 5% da renda familiar, o que estabelecia uma prestação mensal entre R$ 25 e R$ 80.

Por outro lado, para as famílias urbanas com renda familiar superior a R$ 3.100, o principal atrativo era o acesso a uma taxa de juros menor do que a praticada nos contratos de financiamento habitacional em geral. Em

---

[21] Estudo de Balbim, Krause e Lima Neto (2015) sistematiza várias dessas críticas.

suma, o programa englobava desde ações de subsídios totais e quase totais (podendo chegar a mais de 95% do valor do imóvel na faixa 1) até ações cujo subsídio se relaciona diretamente com a redução na taxa de juros. Novamente, se o objetivo principal do programa foi ou é mitigar o déficit habitacional, caberia questionar por que não priorizar a faixa 1, na qual estão os mais pobres. Passado o período de bonança e em tempos de ajuste fiscal, essa pergunta se torna ainda mais evidente.

Nesse contexto, o grande desafio é encontrar formas de cortar gastos do governo sem descontinuar ações de combate à pobreza e à desigualdade. No caso do MCMV, os subsídios alocados ao longo do tempo poderiam ter sido mais bem calibrados. Deve ser reiterado que em nenhum momento isso invalida o fato de o PMCMV representar a primeira iniciativa em larga escala a ser bem-sucedida em termos de alcance da população de baixa renda, notadamente pouco contemplada por programas habitacionais no Brasil justamente pela insuficiência de recursos para subsidiar significativamente as moradias. Em outras palavras, anteriormente, as prestações pagas não cabiam no bolso dos mais pobres.[22]

Como já mencionado, na faixa 1 do programa, os subsídios diretos podiam ultrapassar 95% do valor do imóvel, o que *per se* não é um problema. Discutível é o fato de que as prestações eram pouco sensíveis à renda disponível e a maior parte dos beneficiários pagava o valor mínimo de R$ 25. Estranho imaginar que, para muitas famílias, o crédito ao consumo gerava prestações mensais provavelmente superiores aos R$ 25 da casa própria. Claro que é preciso levar em conta o fato de que muitos beneficiários do PMCMV, a partir do momento em que tomaram posse efetiva da moradia, passaram a arcar com pagamentos de condomínio e outras taxas que também precisam ser computados dentro da totalidade dos custos mensais com habitação.[23] Portanto, para uma parcela dos beneficiários, somente uma prestação baixa seria financeiramente viável.

Entretanto, é difícil imaginar que um valor único capturasse a capacidade de pagamento de uma gama tão variada de pessoas, espalhadas por

---

[22] Disponível em: <www.valor.com.br/opiniao/4026498/e-preciso-aprimorar-o-minha-casa--minha-vida>.
[23] Exemplo de um levantamento empírico dos gastos com moradia antes e após o PMCMV pode ser encontrado no capítulo 14 de Carvalho, Shimbo e Rufino (2015).

uma vasta área onde são encontrados perfis socioeconômicos diversos. Melhores estimativas sobre as capacidades de pagamento das famílias seriam insumo fundamental para o aprimoramento do PMCMV. Por um lado, uma prestação muito alta não cabe no bolso dos mais pobres, que seriam excluídos do programa. Por outro, prestações muito baixas para todos só se viabilizam na presença de elevados subsídios, que acabam se tornando insustentáveis, ocasionando descontinuidade dos programas habitacionais. Nos dois casos, a população de menor renda perde, daí a importância de tornar a prestação sensível à capacidade de pagamento de cada família.

A tabela 6 ilustra como o subsídio poderia ser ajustado a partir do aumento dos valores da prestação. O subsídio parece claramente necessário, entretanto, pode ser mais bem calibrado de forma a ser eticamente mais justo, contemplando um número maior de pessoas. A partir de diferentes valores de prestação, foram estimados os valores efetivamente pagos e, consequentemente, a proporção do subsídio em cada caso. A simulação da tabela, baseada em números do ano de 2014, assume que o valor presente médio de uma unidade habitacional é de 60 mil reais e a taxa de juros relevante é de 0,5% ao mês.

Considerando cinco possibilidades de prestações a partir de R$ 50,00, a média dos subsídios seria de 82,4%. Comparado com a situação recente de prestação igual a R$ 25,00, e considerando o montante de recursos aplicado na faixa 1 (cerca de R$ 84 bilhões para construção de cerca de 1,35 milhão de casas), haveria cerca de R$ 11 bilhões a menos de subsídio. Se tal valor fosse

TABELA 6. **Simulação de valores de subsídio por diferentes prestações hipotéticas na faixa 1 do PMCMV**

Prazo = 10 anos	Moradia = R$ 60.000,00
Prestação em R$	Subsídio
25	96,2%
50	92,5%
80	88,0%
100	85,0%
158	76,2%
197	70,3%

Fonte: Elaboração própria.

reaplicado no programa, aproximadamente 187 mil moradias adicionais poderiam ter sido disponibilizadas. Já sobre a redução de inadimplência, que será discutida adiante, assumindo que a faixa 1 tivesse um comportamento semelhante às demais faixas (3%), a redução de perdas, utilizando a mesma base de números anteriormente descrita, seria da ordem de R$ 1 bilhão.

Além do subsídio excessivo, outro problema do MCMV é a inadimplência. Pode parecer contrassenso o fato de que, apesar do reduzido valor da prestação, a taxa de inadimplência seja elevada, próxima a 20% dos contratos, ou seja, cerca de 10 vezes maior do que aquela verificada nas demais faixas do próprio programa MCMV, como se observa no gráfico 11.

Fica nítido que, na faixa 1, o programa não conta com uma tecnologia de crédito adequada, tanto para capturar a capacidade de pagamento das famílias quanto para controlar a inadimplência. A configuração atual pode engendrar uma situação típica de risco moral, caracterizada por um baixo incentivo para pagamento das prestações. Isso decorre tanto da falta de sanções/punições à inadimplência quanto da sinalização equivocada contida em uma prestação muito baixa, ou seja, o que deveria configurar uma operação de crédito acaba sendo percebido por muitos como doação. Obviamente, novos estudos precisariam ser realizados para corroborar essa hipótese. A taxa de evasão, por exemplo, pode ter efeitos sobre a inadimplência.

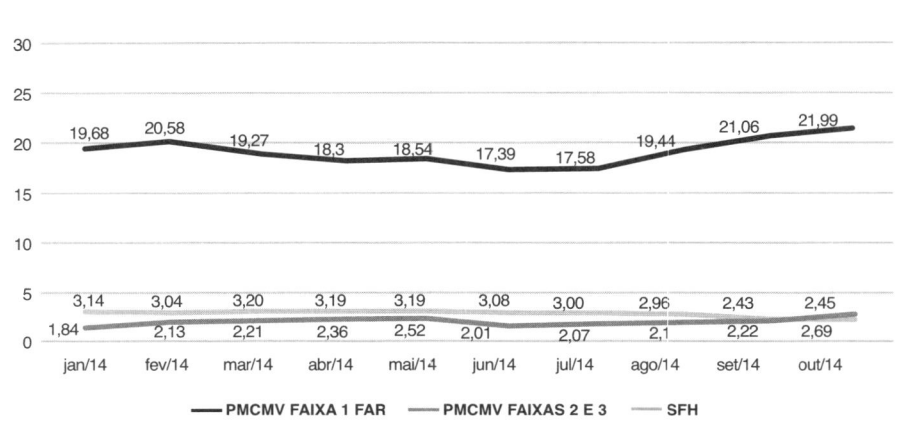

GRÁFICO 11. **Taxa de inadimplência no PMCMV**

	jan/14	fev/14	mar/14	abr/14	mai/14	jun/14	jul/14	ago/14	set/14	out/14
PMCMV FAIXA 1 FAR	19,68	20,58	19,27	18,3	18,54	17,39	17,58	19,44	21,06	21,99
PMCMV FAIXAS 2 E 3	3,14	3,04	3,20	3,19	3,19	3,08	3,00	2,96	2,43	2,45
SFH	1,84	2,13	2,21	2,36	2,52	2,01	2,07	2,1	2,22	2,69

Fonte: Elaboração própria a partir de dados coletados junto à Caixa em 19/11/2014 e junto ao Banco Central do Brasil.

Outra análise que confirma o desajuste da estratégia baseava-se na comparação entre o MCMV e o Programa Minha Casa Melhor, no qual os beneficiários do MCMV financiavam até R$ 5 mil em móveis e eletrodomésticos com prazo de pagamento de 48 meses, gerando um pagamento mensal superior a R$ 100. Portanto, em uma estratégia no mínimo questionável, o governo estimulou um endividamento/pagamento de dívida mensal ligado a bens de consumo superior àquele ligado à aquisição da casa própria.

3. Os efeitos na vida das famílias — casos de campo

Esta seção pretende mostrar como as mudanças apresentadas anteriormente se materializaram na vida das famílias CDE. No primeiro caso, temos uma família que conseguiu acesso à casa própria a partir de uma série de manobras que incluem a combinação de renda advinda do trabalho, permutas e negociações de diversos tipos. No segundo caso, temos uma família que investiu em reformar a casa própria com o objetivo de melhorar a saúde de todos os moradores. E, no último, apresentamos uma família que teve sua vida transformada pelo Programa Minha Casa Minha Vida.

Caso 1: Expansão da moradia por meio de permutas, Ronaldo, 40 anos

É em uma casa grande, com três andares, que mora Ronaldo (40), sua esposa (44) e seu filho (14). É uma casa própria em um bairro periférico na zona norte da cidade de São Paulo, próxima a uma região de mananciais. Ele também tem três outros filhos (22, 19 e 17 anos), fruto de casamentos anteriores, que moram com suas respectivas mães. Ele fala com orgulho dos filhos, cujas trajetórias ilustram bem os valores subjacentes a muitas famílias CDE, que é a ascensão social pautada pelo trabalho duro e pela constituição do núcleo familiar:

> meus filhos são show de bola, nunca deram trabalho [...] o mais velho é o oposto do que eu fui, tem 22 anos, já terminou a faculdade, está num bom trabalho,

tem noiva, carro, já está comprando o apartamento dele, isso é motivo de eu me orgulhar. O do meio não gosta muito de estudar, mas já tem o negócio dele.

Sua esposa trabalha registrada como assessora de cobrança em uma empresa, enquanto seu filho estuda em uma escola pública do bairro. Ronaldo é comerciante e tem uma loja de produtos de limpeza no mesmo bairro onde mora. Juntando as duas fontes de renda, a família ganha cerca de R$ 2.700,00 mensais.

Ele gosta do bairro, define como sendo um local de "classe média baixa", mas diz que faltam opções de lazer, especialmente para os jovens. Tem receio que seu filho seja "seduzido pelas coisas ruins do bairro", por isso a família se esforça para "ocupar sua cabeça" por meio de estudos e trabalho. Por essa razão, seu filho costuma trabalhar com ele na loja diariamente, após o período das aulas. Ele também possui uma extensa rede de amigos e parentes no bairro, como seus pais, irmãos, tios e primos, com quem divide os negócios e os momentos de lazer. Quando não está passando o tempo com a família ou trabalhando, costuma ir ao shopping ou ao horto florestal passear. Evangélico, costuma frequentar a igreja Assembleia de Deus algumas vezes por semana.

Sua história de vida ilustra bem as trajetórias intermitentes de muitas famílias CDE, e está imbricada na forma como foi construindo sua casa e seu negócio. Ronaldo se define como "roleiro" e de fato é impressionante a forma criativa como conseguiu, por meio de negociações, permutas e uma boa intuição para os negócios, construir o seu patrimônio.

Ele começou a trabalhar com nove anos em um caminhão de frutas. Atuou em bicos como vendedor, vigilante e até pizzaiolo, quando surgiu a ideia de abrir um negócio de materiais de limpeza junto com a dona da pizzaria onde trabalhava. Segundo ele, aprendeu a ter "faro" para os negócios com ela: "ela era uma mulher bem empreendedora, tinha vários pontos de venda. Ela comprava as essências, fabricava, engarrafava e deixava nos pontos com as pessoas vendendo comissionada". Nessa época, percebeu que queria ter um negócio próprio e buscou criar as condições para tal. Começaram no quintal da casa da mãe dele, mas devido a desentendimentos com a sócia, acabaram desfazendo a sociedade e ele passou a tocar o negócio sozinho: "sem fornecedor, sem saber como comprar, sem saber como administrar um negócio". A única noção que tinha veio de um curso de noções de empreendedorismo, oferecido pelo Sebrae no supletivo que fez.

Nessa época conheceu sua atual esposa e eles foram morar de aluguel em outra casa. Decidiu também alugar um salão comercial para o negócio e, durante alguns anos, pagou tanto o aluguel de sua casa quanto o do salão. Depois de um tempo conseguiu juntar dinheiro e comprou uma casa pequena, de apenas um cômodo, que imediatamente alugou. Assim, usava o dinheiro da casinha para financiar a casa alugada onde morava com a esposa.

A história que se segue é uma sucessão de permutas entre as casas de aluguel, o salão e até carros. O sistema funciona assim: ele possui um imóvel pequeno e quer adquirir um maior. A depender da oportunidade, ele faz permutas entre os imóveis, coloca um pouco mais de dinheiro (sempre guardado na poupança) ou troca por bens de consumo, como eletrodomésticos e carros. Assim, de troca em troca, ele passou por seis casas diferentes em pouco menos de cinco anos, partindo de uma casa pequena (de apenas um cômodo), até conseguir chegar no sobrado onde mora atualmente, além de um ponto de venda e um carro próprio. Toda vez que ele adquire uma casa, ele a reforma, o que ajuda na valorização do local. Outro elemento que ajudou na valorização da região foram as obras de infraestrutura realizadas pela prefeitura contra enchentes.

A história de como conseguiu seu ponto de venda é bem interessante. Segundo ele, queria atuar em um ponto específico onde havia uma borracharia. Conversou com o dono e descobriu que ele gostava de carros antigos, então trocou uma casa pequena que possuía por um fusca e foi oferecer para ele. Fecharam o negócio: o ponto comercial em troca do carro mais R$ 6 mil, a ser pago em parcelas de R$ 300,00 em promissórias. Depois de um tempo, o dono da dívida a vendeu em um jogo de cartas por R$ 1.500,00 à vista. Assim Ricardo passou a pagar as promissórias para outra pessoa, no mesmo valor inicial.

Nesta época ele tinha começado a juntar dinheiro, colocava R$ 5,00 diariamente em um cofre em sua casa. Em determinado momento, o dono da dívida precisou de dinheiro e Ricardo soube, então foi oferecer o cofre para ele, sem abrir, em troca das promissórias: "ofereci sem nem olhar para trás. Falei pra ele 'se tiver mais do que R$1.200,00, você ganhou, se tiver menos, eu ganhei'". O outro não aceitou, então abriram o cofre e descobriram que tinha quase R$ 1.400,00. Ronaldo, então, ofereceu R$ 900,00 pela dívida e enfim pagou seu ponto. Está com ele há 11 anos.

Todas as reformas, tanto das casas como do ponto de venda, são feitas por ele ou por pedreiros contratados. O sistema de trocas e negociações também funciona nesse caso, e ele usa uma multiplicidade de estratégias para gerenciar esse processo. Um deles é o uso de empréstimos informais entre amigos e parentes: "de vez em quando a gente pegava, pra fazer um girinho, né? Pouquinho, né? Com um jurinhos legal. Por exemplo, pegar R$500 e pagar R$700 em 3 vezes, você pagava um jurinhos, mas ganhava também, porque tava investindo", usou este dinheiro para a reforma do ponto. Ele também usa o cartão de crédito para comprar os materiais de construção e negocia com os pedreiros o pagamento das obras em parcelas. Por fim, já fez reformas utilizando dinheiro advindo do microcrédito, ao todo já conseguiu mais de R$ 25 mil emprestado de bancos e financeiras. Com o dinheiro do último empréstimo, conseguiu comprar um carro que usa para comprar os insumos da sua loja.

Quando lembra de seu passado, vê que sua situação atual de moradia é muito diferente da que vivenciou quando era criança. Nascido no bairro, perdeu o pai quando era pequeno e foi criado pelos avós. Seu avô comerciante tinha um perfil parecido com o dele e costumava fazer permutas entre casas, assim a família se mudava muito. Todas as casas em que morou eram de madeira, o que ele chama de "barraco". Ao todo, eram 16 pessoas morando sob o mesmo teto, todas no mesmo quarto: "na sala era um monte de colchão no chão, dormia todo mundo junto [...] o pessoal saía pra trabalhar e eu ficava em casa, porque eu era o menor, cuidava do meu tio que era doente".

Nessa época parou de estudar e apenas trabalhava, mas conseguiu terminar o ensino médio no supletivo, quando já era adulto. Segundo ele, sua visão sobre educação mudou com o passar dos anos: "a gente tinha um teto e comida, mais nada, não havia um incentivo para estudar, hoje aqui a prioridade é estudo, você quer mudar o futuro do nosso país, você quer mudar o seu futuro, quer ser uma pessoa melhor, é através do estudo".

Para o futuro, Ronaldo sonha em fazer faculdade de direito. Com seu jeito comunicativo, acha que combinaria com ele. Mas acha que seus planos para o futuro dependem muito do país. Ele deseja que o país melhore em relação à corrupção e que seja mais igualitário:

A gente vai melhorando, a gente passa a ter sonhos maiores, né? Eu quero comprar uma casa na beira da rua com uma garagem, quero trocar o carro, é melhorar a vida. Quero ter uma renda melhor, ajudar meu filho na faculdade, e depois curtir a velhice. Se você perguntar pra qualquer brasileiro qual seu sonho, ele vai dizer que é ter uma casa boa, uma renda boa, curtir um bom carrinho. A gente quer mesmo é um país mais igual. Acho que esse ano isso vai mudar, precisamos tirar esses caras daí.

Em resumo, seu caso ilustra a forma como grande parte da população CDE conseguiu construir seu patrimônio, apelando para estratégias múltiplas de sobrevivência: o famoso "jeitinho brasileiro". A partir da articulação de trabalho, redes pessoais, empréstimos formais, informais e permutas, pessoas das classes CDE vão, aos poucos, acumulando ativos e buscando garantir um futuro melhor para as futuras gerações.

Caso 2: Reforma para melhorias na saúde, Maria Lúcia, 44 anos

Maria Lúcia, 44 anos, mora em uma casa própria em um bairro periférico da zona sul de São Paulo junto com seus três filhos (16, 14 e 12 anos). A filha mais nova é cadeirante e necessita de cuidados especiais, como fisioterapia e educação especial. Já os outros filhos estudam em uma escola pública local. Atualmente, a rotina da família é dividida entre as atividades da casa, o estudo dos filhos e os cuidados com a filha mais nova.

Ela diz que ainda está se adaptando à nova vida: depois da separação, há dois anos, acabou ficando com os cuidados dos filhos. O ex-marido não participa da vida da família e tampouco contribui para a renda da casa.

Por causa das necessidades de sua filha, Maria Lúcia não pode trabalhar fora de casa e praticamente toda renda da casa advém do Benefício de Prestação Continuada da filha, cerca de R$ 900,00. Ela também recebe ajuda de parentes e vizinhos, que doam alimentos e roupas, além de cuidarem de sua filha quando ela precisa fazer atividades simples, como ir ao mercado. Seu irmão, que mora próximo à sua casa, esporadicamente lhe empresta o cartão de crédito para a realização de compras.

Por conta da rotina, Maria Lúcia diz que quase não tem momentos de lazer. Nesse contexto, a grande televisão, exposta no centro da sala, cumpre o papel de oferecer opções de lazer e informação para a família.

Ela mora no bairro há 35 anos. Para ela, seu bairro é "tudo de bom", considera que possui uma vizinhança amigável. Porém, como muitos bairros periféricos, sofre com a falta de equipamentos públicos, como espaços de lazer comunitários. Por exemplo, durante um período, a comunidade se mobilizou para a construção de um parque com equipamentos de ginástica, mas o projeto nunca chegou a se efetivar. Outra demanda são as oportunidades de trabalho para os jovens: com dois filhos adolescentes, gostaria que o bairro provesse atividades que pudessem complementar a renda da casa e que pudessem ser realizadas junto à escola.

A forma como sua casa foi construída e os problemas que enfrentou ao longo do processo ilustram bem as dificuldades de moradia que encontramos nos estratos mais baixos da pirâmide social. A casa é da família e foi comprada por seu ex-marido há 15 anos. No início, "era um barraquinho", que com o passar dos anos foi sendo reformado aos poucos. Antigamente havia somente um andar e todos dormiam no mesmo cômodo: "Antes não tinha nem como se mexer aqui dentro".

A vida da família mudou quando eles entraram em contato com um projeto social que se propunha a reformar casas na região onde mora. Com o apoio do projeto e de parentes e amigos, a família começou a reformar sua casa tendo como objetivo melhorar as condições de vida dos habitantes da casa.

A primeira reforma foi a construção de mais um andar, para dar maior privacidade aos moradores. A família "bateu laje" e foram construídos mais dois quartos no andar de cima, além de um banheiro e uma lavanderia. Mas as dificuldades ainda persistiam: como os quartos foram mudados para o andar superior, ela tinha que subir e descer com a filha no colo várias vezes por dia, ajudada por seus filhos e vizinhos.

Apesar das melhorias causadas pela ampliação do espaço, a casa ainda sofria com problemas graves de infiltração, o que fazia com que o ambiente fosse considerado bastante insalubre: "Meu menino era muito doente, porque as paredes eram tudo mofada [...] quando os meninos deixavam a porta fechada atacava a minha rinite". Por isso, um novo ciclo de reformas se iniciou, dessa vez com foco em melhorar as condições de saúde da família: foram feitas reformas na parede e impermeabilização da laje. Também foram abertas mais janelas, para melhorar a circulação de ar, foi construída uma rampa de acesso para a cadeira da filha e o quarto do andar térreo foi reformado. Assim, a mãe passou a dormir com a filha no andar térreo e cada filho ganhou um novo quarto no andar superior.

Maria Lúcia espera que seu futuro seja mais fácil. Sonha que seus filhos consigam empregos bons e que possam ajudá-la no sustento da casa, já que ela dedica seus dias ao cuidado da filha. Ela quer ter uma vida mais confortável dentro de casa, quer comprar um guarda-roupa e reformar o piso do banheiro, atualmente feito apenas com cimento. Ela também sonha com uma casa "no chão": gostaria de morar numa casa na rua principal, com fácil acesso para carros, pois a cadeira de rodas depende de rampas e muitos motoristas de transporte adaptado não encontram sua casa, fazendo com que sua filha acabe perdendo alguns compromissos.

Em resumo, aqui temos um caso em que uma família investiu durante anos na melhoria da casa própria, buscando priorizar aspectos ligados à saúde. Como muitos domicílios CDE, as casas feitas com autoconstrução carecem de infraestrutura adequada e muitas vezes acabam sofrendo com infiltrações, desabamentos e vazamentos. A saída, na maioria das vezes, é construir e reformar aos poucos, sempre na tentativa de oferecer mais conforto à família.

Caso 3: As mudanças causadas pelo Minha Casa Minha Vida, Ludmila, 40 anos

Ludmila tem 40 anos e mora com o marido (42) e o filho (16) em um conjunto habitacional na cidade de Osasco, região metropolitana de São Paulo. Ela trabalha registrada como encarregada da limpeza em uma empresa durante a semana, e aos finais de semana atua como cabeleireira e manicure. Vai à igreja evangélica três vezes por semana. Seu marido está desempregado e faz bicos como ajudante de pedreiro; antes trabalhava como operador de máquinas, especializado em empilhadeiras. Seu filho estuda na escola pública do bairro. Juntando suas duas fontes de renda, atualmente a família ganha cerca de R$ 1.600,00.

A família mora no bairro há cinco anos. Ludmila diz que "é apaixonada por esse lugar", referindo-se ao bairro onde mora. Segundo ela, é um lugar tranquilo, onde não tem bagunça. Porém, sente falta de alguns serviços essenciais, como um bom supermercado e bancos. Além disso, reclama da falta de segurança, reclamação comum a muitos bairros de periferia: "tem umas tranqueiras aqui dentro do condomínio, uns noia, uns bêbados". De fato, seu condomínio já enfrentou alguns problemas relacionados com o tráfico de drogas, mas diz que hoje em dia a situação está sob controle.

Nascida em Pernambuco, foi para São Paulo com a esperança de melhorar de vida. Ela relata uma infância marcada pela restrição financeira. Moradora da roça, sua casa não possuía serviços básicos, como luz elétrica: "era só no candeeiro".

> Eu vim do Nordeste porque eu vim de uma família muito carente, pela necessidade. Meus pais só trabalhavam para comer, eu era criada pela minha avó. A gente não passava fome, mas meu pai trabalhava em troca de alimento. Então eu pensei "tenho que arranjar um trabalho pra ajudar eles".

Após a mudança, começou a trabalhar como vendedora de cachorro-quente na capital paulista e logo depois conseguiu um emprego na área da limpeza, onde trabalha há 13 anos.

Nesse período passou a morar em uma área de ocupação irregular que era considerada de alto risco por estar localizada em uma área da Eletropaulo, empresa paulista de energia elétrica. Segundo ela, era a única forma de não pagar aluguel: "nunca pensei em pagar aluguel, você vê o desespero das pessoas, a pessoa paga o aluguel e aí vem alguém e fala 'quero a minha casa', e você vê o desespero daquela pessoa procurando casa. E é um dinheiro que vai e não volta". Assim, foi vivendo a vida e tentando construir sua casa. Mas as dificuldades eram muitas: "lá onde eu morava era uma viela embaixo da alta tensão da Eletropaulo, era um perigo total, era casa de madeira. E era um barranco também, tinha risco de incêndio, tinha chuva, o esgoto era aberto. Tinha dia que estourava o esgoto e vinha tudo na minha casa".

Foi a partir do estabelecimento de um vínculo com uma organização ligada à luta por moradia que a vida da comunidade mudou. A partir dessa assessoria, que incluía um aprendizado sobre como negociar com o poder público, eles conseguiram se qualificar para negociar com a prefeitura o acesso a melhores condições de moradia. Começaram a construir um banco comunitário que serviu não apenas para criar uma poupança para o grupo, mas ajudou a unir as pessoas em torno de um projeto comum. Mas o caminho foi árduo, foram muitos anos de idas e vindas até a comunidade se consolidar. Neste contexto, a relação com a prefeitura era marcada por conflitos: "tinha vereador que falava pra gente: 'só tem terra pra vocês no cemitério'. Eu lembro disso até hoje".

Após alguns anos, surgiu o programa Minha Casa Minha Vida e a prefeitura firmou o convênio com o governo federal. Foi nesse momento que a comunidade pressionou o poder público para ter acesso ao programa e acabaram sendo beneficiados. As obras começaram em 2010 e a família se mudou em 2013. Diz que ficou um ano juntando dinheiro para conseguir reformar a casa quando mudasse.

Hoje se sente realizada na casa nova. Para ela, a principal mudança que percebe é a abertura de perspectivas:

> tem gente que era alcoólatra lá [no bairro antigo] e que aqui se reergueu. Hoje em dia todo mundo tem um carrinho, antes as pessoas não tinham essa visão [...] você começa a pensar diferente, é uma mudança total de vida. Por exemplo, tem mais responsabilidade, lá não tinha responsabilidade, nem com o dinheiro, mas não sobrava dinheiro. E aqui a gente trabalha, paga todas as contas e sobrevive, até tem mais do que tinha antes. Você passa a ter responsabilidade, você não vai sair gastando aquilo que tem.

E a autoestima? "Muda a autoestima também, era difícil morar onde a gente morava, a gente fica tipo 'dopado', a gente não consegue enxergar o perigo".

Para o futuro, Ludmila sonha em mudar para uma casa térrea, onde não tenha que subir escadas. Também quer melhorar a casa atual, tem planos de trocar a iluminação da sala e pintar as paredes. Quando pensa em seu passado, sente orgulho de ver que o futuro de seu filho será melhor do que o seu.

Em suma, Ludmila exemplifica outros muitos e muitos brasileiros que tiveram sua vida modificada pelo programa Minha Casa Minha Vida. Apesar dos inúmeros problemas de implementação verificados no programa, notamos que muitas famílias passaram a ter acesso a uma série de benefícios relacionados com saúde, segurança e serviços públicos, além de conseguirem construir ativos de longo prazo.

4. Desafios para o futuro

Tendo como base a discussão aqui empreendida, que envolveu apenas uma parcela das questões habitacionais, elaboramos algumas recomendações:

a. Subsídio focado nas famílias mais pobres

O histórico das políticas de habitação no Brasil, incluindo o PMCMV, evidencia não ser possível enfrentar o desafio habitacional sem recorrer a subsídios. De outra forma, o equilíbrio orçamentário das famílias de baixa renda tende a ser comprometido. Assim, dada a limitação de recursos públicos, a faixa 1 do PMCMV, ou uma versão aprimorada dela, que priorize os mais pobres, deveria ser o foco único dos subsídios.

b. Aprimorar o uso do subsídio conhecendo melhor a realidade das finanças dos mais pobres

Dado que o subsídio precisa existir e deve ser focalizado, é preciso aprimorar os mecanismos de alocação e evitar o uso de modelos padronizados, que desconsiderem as realidades locais e a vida financeira dos mais pobres. Concretamente, é possível aperfeiçoar o uso de informações e bancos de dados disponíveis, tais como o Cadin e o Cadastro Único, com informações locais, geralmente informais, sobre rotinas e perfis das famílias. Por fim, aprendizados do mundo do microcrédito, como o conceito de proximidade, poderiam contribuir para que a alocação de subsídio reflita razoavelmente a realidade financeira das famílias.

c. Dar maior relevância à atuação de entidades locais

Ampliar a modalidade Entidades do PMCMV pode ser uma maneira efetiva de implementar políticas habitacionais acopladas às realidades locais nas suas mais diversas dimensões, urbanística, arquitetônica e financeira, com efeitos positivos sobre a alocação de subsídios.

d. Ampliar o aluguel social

A escala e a diversidade das demandas habitacionais demandam um leque mais amplo de soluções. Nos grandes centros urbanos, por exemplo, a ampliação do aluguel social pode aproveitar o estoque já existente de imóveis, além de facilitar a integração à vida na cidade. Ademais, há evidências de alteração da composição do déficit habitacional ao longo do tempo, com preponderância do ônus excessivo pelo pagamento de aluguel, sobretudo nos grandes centros, reforçando o papel do aluguel social.

e. Ampliar acesso e uso de crédito para reforma habitacional

Um amplo mercado de crédito para reformas pode ser utilizado para alcançar a população mais pobre, notadamente nas periferias dos centros urbanos. Embora já haja iniciativas, como o cartão-reforma, a escala é reduzida. Mudanças legais e regulatórias podem trazer novos atores para esse segmento, incluindo instituições de microfinanças e bancos comunitários.

REFERÊNCIAS

AMBRÓZIO, L.; GONZALEZ, L. É preciso aprimorar o Minha Casa Minha Vida. *Valor Econômico*, 2015. Disponível em: <www.valor.com.br/opiniao/4026498/e-preciso--aprimorar-o-minha-casa-minha-vida>.

___; ___. *O Programa Minha Casa Minha Vida*: novos desafios para uma agenda de pesquisa e potencial de inovação a partir da literatura de microcrédito. 2014. (Texto para discussão).

AZEVEDO, S. *Vinte e dois anos de política de habitação popular (1964-86)*: criação, trajetória e extinção do BNH. 1988.

BALBIM, R.; KRAUSE, C.; LIMA NETO, V. C. *Minha Casa, para além do Minha Casa MinhaVida*: uma política de habitação de interesse social? Ipea, 2015. (Texto para discussão)

BONDUKI, Nabil. Do Projeto Moradia ao programa Minha Casa, Minha Vida. Ed. 82, 2009. Disponível em: <https://teoriaedebate.org.br/2009/05/01/do-projeto-moradia-ao-programa-minha-casa-minha-vida/>.

CARVALHO, C. S. A. de; SHIMBO, L. Z.; RUFINO, M. B. C. *Minha casa... e a cidade*. Coleção Metrópolis, 2015.

ENGBOM, N.; MOSER, C. Earnings inequality and the minimum wage: evidence from Brazil. CESifo *Working Paper Series No. 6393*, 2017. Disponível em: <https://ssrn.com/abstract=2940013>.

EXAME. *Brasil vive bolha imobiliária, dizem professores*. 2015. Disponível em: <https://exame.abril.com.br/seu-dinheiro/brasil-vive-bolha-imobiliaria-dizem-professores-da-fgv/2/>.

FUNDAÇÃO GETÚLIO VARGAS (FGV). *O crédito imobiliário no Brasil*: caracterização e desafios. 2007. Disponível em: <www.abecip.org.br/download?file=trabalho-fgv.pdf>.

FREDDIE, Mac. *Rental Affordability*: a gap widening to a chasm. 2017. Disponível em: <www.freddiemac.com/research/insight/20171103_rental_affordability.html>.

FUNDAÇÃO JOÃO PINHEIRO. *Déficit habitacional no Brasil*. 2014. Disponível em: <www.fjp.mg.gov.br/index.php/produtos-e-servicos1/2742-deficit-habitacional-no-brasil-3>.

___. Déficit habitacional no Brasil: resultados preliminares — 2015. Belo Horizonte, 2017. Disponível em: <www.fjp.mg.gov.br/index.php/docman/cei/723-estatisticas-informacoes-3-deficit-habitacional-16-08-2017versao-site/file>.

GLOBAL HOUSING POLICY INDICATORS. *McKinsey Global Institute*: a blueprint for addressing the global affordable housing challenge. 2014. Disponível em: <http://globalhousingindicators.org/en/content/mckinsey-global-institute-blueprint-addressing-global-affordable-housing-challenge>. Acesso em: 24 out. 2017.

GONZALEZ, L.; PORTO, L. *Microfinanças no Brasil e o caso do Ceape Maranhão*. Rio de Janeiro: FGV Ed., 2015.

KRAUSE, C.; *BALBIM, R.; LIMA NETO*, V. C. Minha Casa, Minha Vida, nosso crescimento: onde fica a política habitacional. Ipea, 2013. (Texto para discussão).

MEDEIROS, João Gabriel Cirelli. *Direito à moradia, direito à habitação e habitação adequada*: distinções conceituais. 2016. Disponível em: <https://jus.com.br/artigos/50698/direito-a-moradia-direito-a-habitacao-e-habitacao-adequada>. Acesso em: 14 nov. 2017.

MINISTÉRIO DAS RELAÇÕES EXTERIORES. Objetivos do Desenvolvimento Sustentável (ODS). Disponível em: <www.itamaraty.gov.br/pt-BR/politica-externa/desenvolvimento-sustentavel-e-meio-ambiente/134-objetivos-de-desenvolvimento-sustentavel-ods>.

MUSEUM OF MODERN ART OF NEW YORK. *Uneven growth:* tactical urbanisms for expanding megacities. Disponível em: <www.moma.org/explore/inside_out/2013/11/06/uneven-growth-tactical-urbanisms-for-expanding-megacities/>.

NAÇÕES UNIDAS. *Nova agenda urbana.* Disponível em: <https://nacoesunidas.org/?post_type=post&s=%22Nova+Agenda+Urbana%22>.

PAES DE BARROS, R. M. Desafios ao crescimento inclusivo brasileiro. *Revista Interesse Nacional.* Disponível em: <http://interessenacional.com.br/2016/01/05/desafios-ao-crescimento-inclusivo-brasileiro/>.

SEN, Amartya. *Development as freedom.* Nova York: Oxford University Press, 1999.

SILVA, F. S. *Coordenação governamental no presidencialismo de coalizão brasileiro*: estudo de caso sobre o Ministério das Cidades no governo Lula. São Paulo. Dissertação (mestrado) — Escola de Administração de Empresas de São Paulo, Fundação Getulio Vargas, São Paulo, 2014.

CAPÍTULO 3
RENDA E POSSE DE BENS

Mariel Deak

Este capítulo tem como objetivo analisar as mudanças ocorridas na renda e no acesso a bens de consumo nas últimas duas décadas.

Pensar as melhorias nas condições de vida de uma população implica um esforço de definição do que seria uma vida digna e adequada, o que constitui um grande desafio, já que não existe um critério único para todas as sociedades, que acabam definindo o que é considerado uma "boa vida" a partir de suas preferências e valores. Por exemplo, em uma sociedade mais afluente, a posse de bens de alto valor agregado pode constituir um critério mínimo para a definição de uma boa condição de vida, enquanto em uma sociedade com menos riqueza, a posse desses bens pode ter um papel secundário.

Os indivíduos ou grupos que não atingem os padrões mínimos do que é considerado satisfatório passam a ser classificados a partir de uma enormidade de conceitos, como "pobres", "excluídos", "vulneráveis", entre outros. Apesar de falarmos muito sobre pobreza, definir quem é pobre não é uma tarefa trivial. Frequentemente, o adjetivo "pobre" é atribuído a públicos tão diversos quanto uma mãe solteira moradora de periferia, um trabalhador rural e um jovem em busca de seu primeiro emprego na indústria, ainda que essas pessoas pertençam a diferentes classes sociais, raças, momentos de vida e locais de origem; e ainda que passem por graus diferentes de privação.

Assim, ficam as perguntas: o que é pobreza? Quem são os pobres? Quais as causas da privação? As respostas a essas perguntas também se relacionam com diferentes visões sobre a realidade e sobre a sociedade, razão pela qual o tema já foi estudado em áreas tão diversas como economia, ciências humanas e filosofia. Como consequência, as propostas para solucionar problemas podem ser distintas.

Ligado a isso, ainda há o desafio relacionado com a mensuração. Ainda que genericamente seja possível identificar a existência de grupos que convivem com a privação em quase todas as sociedades, operacionalizar essa distinção — ou seja, criar critérios objetivos para identificar pobres e não pobres — não é fácil e vem sendo objeto de intensos debates há muitas décadas.

Tradicionalmente, a forma mais comum de se medir pobreza é a partir da utilização da renda como *proxy* para acesso a bem-estar. Essa perspectiva surgiu na passagem do século XIX para o século XX com os primeiros estudos sobre pobreza e continua proeminente até hoje. Ela parte do pressuposto de que, na sociedade atual, a maior parte das necessidades humanas pode ser suprida pelas vias mercantis e, portanto, defende a utilização de uma métrica monetária única (como renda ou consumo) como um instrumento suficientemente bom para medir o nível de bem-estar das pessoas, ainda que as necessidades individuais possam ser heterogêneas. Assim, a partir do cálculo da renda necessária para adquirir o conjunto de bens e serviços considerados adequados para uma vida digna, foram criadas as chamadas "linhas de pobreza", instrumentos que distinguem os pobres e não pobres (quem possui a renda acima da linha é considerado não pobre e quem não atinge o nível esperado é classificado como pobre). Atualmente, as duas linhas mais utilizadas no Brasil e no mundo são a linha de extrema pobreza (ou indigência), que se baseia na renda necessária para satisfazer as necessidades nutricionais mínimas; e a linha de pobreza, que, para além das necessidades nutricionais, considera também os bens e serviços não alimentares, como moradia, alimentação, vestuário e outros.

Com o passar dos anos, o debate evoluiu para a incorporação de outras variáveis, tais como acesso a serviços públicos, vínculo com o mercado de trabalho, dignidade, autonomia e até bem-estar subjetivo. Por exemplo, o Índice de Desenvolvimento Humano (IDH) incorporou noções de acesso a serviços públicos por meio dos indicadores ligados a saúde (expectativa de vida ao nascer) e educação (anos de escolaridade), para além do indicador da renda *per capita*.¹ Outros grupos de autores, como os franceses e espanhóis ligados ao debate de exclusão social,² vão enfatizar os aspectos estruturais e relacionais da pobreza, levando em consideração também o grau de vinculação dos indivíduos às estruturas que conferem sentido à vida social, tal como o mercado de trabalho e a família. Por fim, nas últimas décadas do século XX, o debate evoluiu para a noção de vulnerabilidade social,³ que abrange também os riscos e os processos sociais que levam determinados grupos a entrar ou permanecer em situações de privação.

Para fins deste trabalho, enfatizaremos as melhorias nas condições de vida das pessoas pelo ponto de vista da renda e do consumo. Isso porque a renda é um indicador de fácil acesso (quando comparado a outros indicadores) e porque permite comparações entre diversos contextos e grupos sociais. Além disso, tem grande impacto no acesso a posse de bens, objeto de análise deste capítulo, uma vez que é para o consumo que grande parte da renda é direcionada.

É importante pensar o papel que os bens de consumo adquirem na vida das famílias, especialmente quando falamos das de menor renda. Em primeiro lugar, eles conferem certo conforto que muitas vezes passa despercebido pelas outras classes sociais. Basta imaginar o impacto de um sofá na vida de uma dona de casa que não aceitava visitas pois não havia onde se sentar; ou o impacto proporcionado por um automóvel na mobilidade de uma família numerosa.

O consumo também está ligado a formas específicas de demonstração de afeto, evidente na nossa cultura de presentear outras pessoas com bens. Quando damos um bem, passamos também cuidado e carinho, elementos que reforçam os laços sociais. Dentro das famílias mais pobres, é normal ouvirmos que os provedores se esforçaram para "dar o melhor" para os

---

[1] O IDH foi amplamente baseado na obra de Amartya Sen, economista ganhador do prêmio Nobel da Economia. As bases de seu pensamento filosófico podem ser encontradas em obras como Sen (1993a, 1993b, 1999).
[2] Para mais leituras, ver as obras de Paugam (2007), Castel (1998) e Subirats, Brugué e Gomà (2002)
[3] Para mais leituras, ver as obras de Murray (2001) e o balanço feito por Alwang, Siegel e Jorgensen (2001).

filhos, em um esforço voltado para o conforto do coletivo. A compra de bens, aqui, é um ato de amor.

Para além de proporcionar conforto e aumentar o tempo disponível para a convivência familiar, os bens de consumo ainda são responsáveis por uma sensação profunda de valorização e aumento de autoestima, elementos fundamentais na vida de populações historicamente marginalizadas. Frequentemente, eles são vistos como a porta de entrada para outros estratos sociais de maior prestígio, razão pela qual há tanto investimento, por parte das classes populares, em bens duráveis com alto valor agregado, como móveis, carros e artigos eletrônicos. Nesse contexto, ter bens significa sair da situação de invisibilidade e adentrar um mundo de prestígio e alto valor simbólico. Quando chegarmos ao final do capítulo, veremos como a posse de determinados bens de consumo contribui para a melhoria de vida de milhares de pessoas.

Este capítulo está estruturado em quatro partes, além desta introdução. A primeira abordará *o que mudou* na renda e no acesso a bens dos brasileiros. A segunda parte trata das *razões* que potencialmente explicam essas mudanças. Na terceira parte mostraremos como *essas mudanças afetaram* a vida das famílias. Serão apresentados três casos que ilustram o que mudou no cotidiano a partir do aumento da renda e o acesso a bens de consumo. Por fim, mostraremos alguns dos *desafios* que o Brasil ainda precisa superar para preservar e expandir a renda e posse de bens das famílias CDE.

1. O que mudou?

Renda

Como mencionado anteriormente, frequentemente a renda é utilizada como *proxy* de bem-estar, uma vez que grande parte do acesso a bens e serviços é realizada por meio de trocas monetárias.

No período 1995-2015, a renda média *per capita* do primeiro quartil de renda (os 25% mais pobres) aumentou 88%, contra 10% do último quartil (25% mais ricos). Assim, vemos que, entre todos os estratos sociais, os que mais ganharam foram os que se encontram na base da pirâmide social. O gráfico 1 mostra a queda da razão entre a renda *per capita* média dos mais ricos e dos mais pobres.

Porém, o quadro geral ainda mostra enormes disparidades entre os diferentes grupos sociais no quesito renda. Um exemplo é a diferença de rendimentos entre homens e mulheres. Ainda que a participação das mulheres no mercado de trabalho tenha aumentado constantemente nas últimas décadas, no primeiro quartil de renda domiciliar *per capita* (ou seja, entre os 25% mais pobres da população) elas ainda recebem 52% a menos do que os homens. Em 1995 essa diferença era de 270%, o que indica que houve melhorias, mas que ainda estamos muito longe de uma situação de igualdade.

Outro exemplo é a diferença de rendimentos entre negros e brancos. Quando olhamos dados de renda, é possível perceber que os negros ainda recebem em média um rendimento 18% menor do que os brancos entre o quartil mais pobre da população. O mesmo fenômeno se verifica nas outras classes sociais.

Desafio adicional é garantir uma entrada de renda estável para as famílias. Em um contexto marcado pela alta informalidade dos vínculos de trabalho, elas acabam tendo que lidar com uma oscilação frequente da

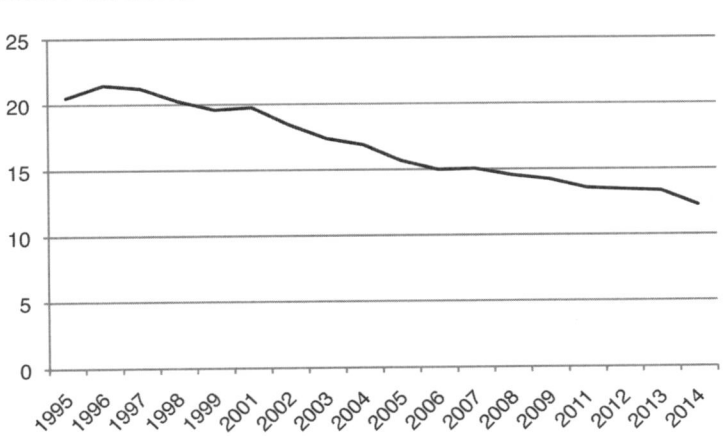

GRÁFICO 1. **Razão entre renda *per capita* média dos mais ricos e dos mais pobres**

Fonte: Elaboração própria a partir de dados da Pnad (1995-2015).

renda, o que dificulta o planejamento e impede a construção de ativos de longo prazo. De fato, o que vemos no cotidiano das famílias pobres é uma grande intermitência nos acessos: começam a construir a casa, mas logo um imprevisto ocorre e acabam interrompendo a obra no meio; pagam escola particular para os filhos em um determinado ano, mas já no ano seguinte acabam voltando para a rede pública. Assim, muitos planos de longo prazo acabam interrompidos porque a resiliência das famílias diante de imprevistos é baixa.

Um estudo realizado com famílias beneficiárias do Bolsa Família pelo Instituto Plano CDE[4] mostra como se dá essa oscilação na prática. Após acompanhar a vida financeira de 120 famílias ao longo de seis meses, a partir de um mapeamento detalhado das entradas e saídas monetárias, o estudo mostrou a impressionante variação de renda à qual as famílias estão sujeitas: a depender do mês, uma mesma família poderia ser classificada como pobre, vulnerável ou classe média. O gráfico 2 representa as entradas de renda de uma família CDE ao longo de seis meses e mostra como se dá essa oscilação na prática.

GRÁFICO 2. **Osciliação de renda de uma família CDE —** renda familiar *per capita* mensal

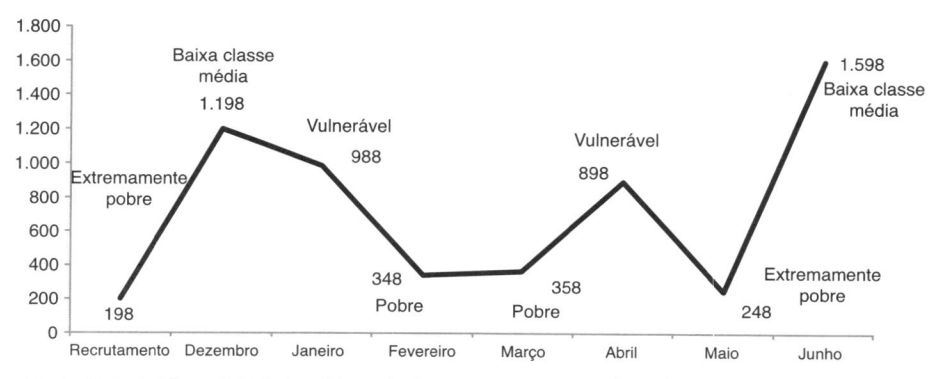

Fonte: Estudo Financial Diaries. Disponível em: <www.cgap.org/blog/seasonal-unsteady-income-drives-economic-vulnerability-brazil>.

---

[4] O estudo pode ser acessado no site: <www.cgap.org/blog/seasonal-unsteady-income-drives-economic-vulnerability-brazil>.

Em resumo, a renda do brasileiro aumentou consideravelmente entre 1995 e 2015. A crise recente interrompeu a trajetória ascendente, entretanto, o atual patamar ainda é muito superior àquele de 1995. Vimos também que essas melhorias de renda não se traduzem igualmente para todas as classes sociais, e mulheres e negros ainda possuem rendimentos inferiores quando comparados aos homens e à população branca. Por fim, pontuamos a importância de olharmos para a intensa variação da renda à qual as classes baixas estão sujeitas, entendimento essencial para compreendermos sua dinâmica de vida.

Acesso a bens

Passemos agora à análise do que aconteceu na vida dos brasileiros no que diz respeito ao acesso a bens de consumo. A partir de dados da Pnad, podemos ver que as transformações também são bastante expressivas. A maior delas está no acesso a bens chamados de "linha branca", bens duráveis que mudaram o interior das casas brasileiras.

Um exemplo é o aumento significativo, especialmente nos lares CDE, da posse de geladeira. Como podemos ver no gráfico 3, em 1995 apenas 41% dos domicílios DE possuíam geladeira, proporção que subiu para 95% em 2015, um aumento de 132%. Atualmente, a penetração de geladeira entre as classes CDE se encontra em patamares similares às das classes AB.

Como se pode supor, é grande o impacto desse item na vida das famílias: para além do impacto positivo na saúde dos residentes, que passam a contar com a conservação adequada da comida, esse eletrodoméstico também "libera" a mulher para a realização de outras atividades, já que não precisa cozinhar a cada refeição. Isso pode significar mais tempo para a realização de outras atividades domésticas, ficar com os filhos ou exercer atividades de geração de renda.

O efeito também é de ordem simbólica. Por lidar com alimentos, a geladeira significa um impacto grande na sociabilidade das famílias, já que todo momento de festa e encontro é, em geral, um momento de se comer coletivamente. Em uma pesquisa recente, a antropóloga Hilaine Yaccoub

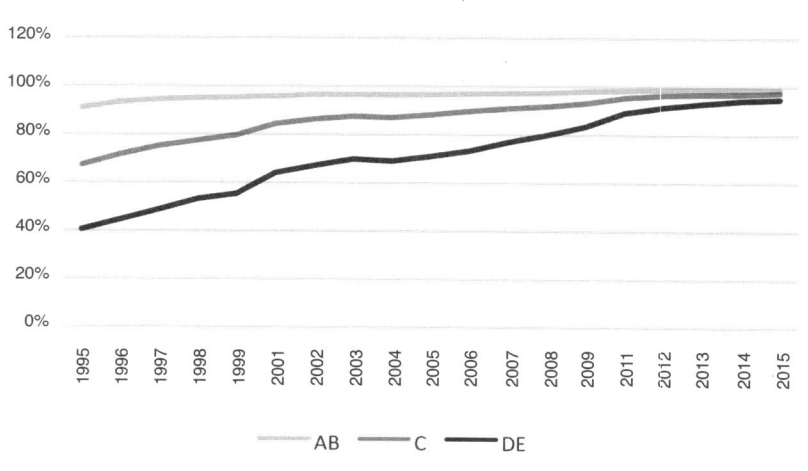

GRÁFICO 3. **Penetração de geladeira nos domicílios — por classe social (1995-2015)**

Fonte: Elaboração própria a partir de dados da Pnad (1995-2015).

(2011) narra o interessante caso de uma festa realizada em função da chegada de uma nova geladeira por parte de uma de suas entrevistadas, moradora de uma área periférica do Rio de Janeiro. Sobre esse caso, a autora aponta a importância do novo item na sociabilidade da família, que passou a fazer mais eventos e festas com os amigos do bairro pois agora tinha uma geladeira grande para armazenar alimentos. Além disso, a geladeira era o item "mais bonito da cozinha", segundo sua entrevistada, o que elevou o prestígio da família para a comunidade.

Outro dado interessante é o aumento da penetração de máquinas de lavar roupa nos domicílios brasileiros. Novamente vemos que a penetração vem aumentando de forma constante nos últimos 20 anos, com destaque para o crescimento percebido na classe C (de 10% para 53%).

Da mesma forma que a geladeira, a máquina de lavar roupa representa um conforto para a família e permite à mulher dedicar mais tempo para outras atividades. Em algumas regiões, é comum a utilização da própria máquina de lavar para a geração de renda, como no caso de mulheres que lavam roupa na comunidade.

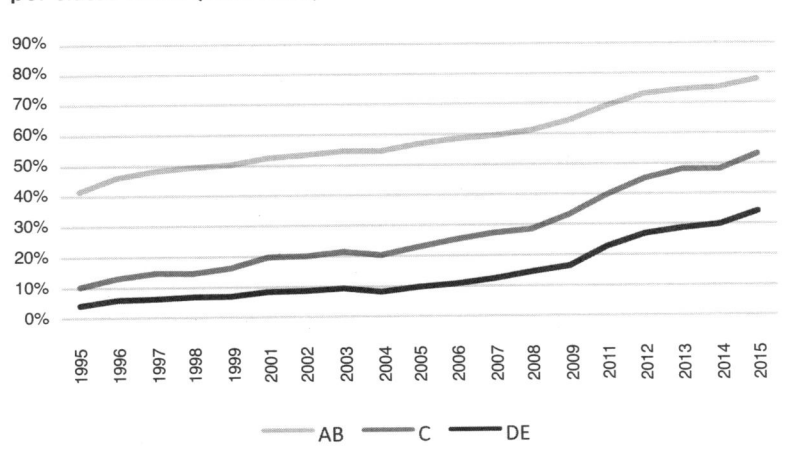

GRÁFICO 4. **Penetração de máquina de lavar roupa nos domicílios — por classe social (1995-2015)**

[Gráfico de linhas mostrando a evolução da penetração de máquina de lavar roupa nos domicílios por classe social (AB, C, DE) entre 1995 e 2015, com eixo vertical de 0% a 90%.]

Fonte: Elaboração própria a partir de dados da Pnad (1995-2015).

Por fim, apresentamos dados referentes à mobilidade. Não é possível refletirmos sobre as condições de vida das metrópoles sem levarmos em consideração a questão da mobilidade urbana. De fato, o tema se tornou central na agenda política brasileira — basta lembrar o impacto que as manifestações de 2013, que tiveram início com reivindicações relacionadas com o transporte público, causaram nos rumos da vida política do país.

Atualmente, nas grandes metrópoles o transporte condiciona o acesso da população a trabalho, lazer, serviços de educação e saúde. Isso porque a própria estrutura das cidades, com grande concentração de equipamentos e serviços nas regiões mais ricas, acaba criando a necessidade de grandes deslocamentos intraurbanos. Nesse contexto, o preço da tarifa do transporte público, considerado alto para grande parte da população, tem grande impacto no acesso a oportunidades e tem efeitos perversos sobre a imensa desigualdade brasileira.

As dificuldades decorrentes do setor público de entregar transporte público de qualidade na maior parte das cidades brasileiras, entre outros fatores, criaram incentivos para que a população buscasse alternativas para sua mobilidade. O que vemos, nas últimas décadas, é um aumento expressivo da penetração de automóveis, com destaque para as classes AB e C; e da penetração de motocicletas, com destaque para as classes DE.

Vejamos os dados sobre penetração de automóvel. Quando olhamos o recorte de classes, vemos que, apesar de a maior parte dos automóveis estar concentrada nas classes AB, o aumento da penetração ocorreu principalmente nas classes CDE, com um aumento de 83% (em oposição a 28% de aumento nas classes AB).[5]

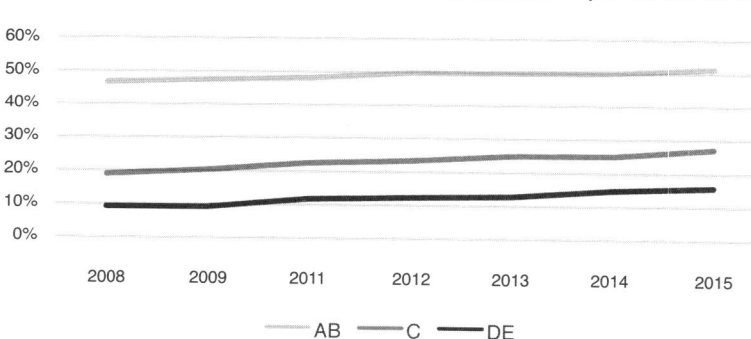

GRÁFICO 5. **Penetração de automóvel nos domicílios — por classe social (1995-2015)**

Fonte: Elaboração própria a partir de dados da Pnad (1995-2015).

Mas o dado mais impressionante sobre mudanças na mobilidade dos mais pobres é o da penetração de motocicletas. Segundo dados da Pnad, apenas 10% dos domicílios das classes DE possuíam motocicleta em 2008, número que aumentou para 21% em 2015. Isso representa um aumento de mais de 100% em oito anos, o que teve impacto profundo na forma como essa classe social se desloca.

---

[5] O aumento da penetração de automóveis é um fato controverso quando pensamos sobre melhorias das condições de vida da população. Ainda que do ponto de vista da mobilidade individual ou familiar possa ter havido ganhos em relação a tempo e conforto, é evidente que, no agregado, o aumento do número de carros pode aprofundar os problemas de mobilidade e relacionados com o meio ambiente. É preciso cuidado para analisar os dados. Para fins deste capítulo, nos propusemos apenas a atestar as mudanças percebidas.

A posse de uma motocicleta tem grande efeito no cotidiano das famílias, que passam a contar com um meio de transporte mais rápido e confortável para os deslocamentos do dia a dia. Além disso, em muitos casos as motos são usadas como fonte de geração de renda, seja pela atuação em serviços de entregas, seja pela atuação em serviços de mototáxis. Cabe ressaltar que muitas vezes os mototáxis são a única forma de acessar os locais mais distantes da entrada do morro, prestando um importante serviço nos deslocamentos dentro dos próprios bairros e entornos.

Como foi possível ver pelos dados apresentados, o aumento da renda e as mudanças no padrão de posse de diversos bens de consumo "mudaram a cara" dos domicílios brasileiros. Mas o que levou a essas mudanças? Na próxima seção, procuraremos explorar algumas das possíveis razões que poderiam explicar a ocorrências desses fenômenos.

GRÁFICO 6. **Penetração de motocicletas nos domicílios — por classe social (1995-2015)**

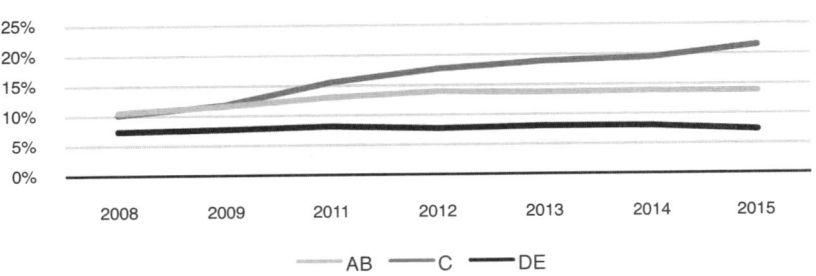

Fonte: Elaboração própria a partir de dados da Pnad (1995-2015).

2. Por que mudou?

Explicar as possíveis razões das mudanças percebidas no padrão de vida dos brasileiros não é tarefa fácil. Ao longo das últimas décadas, foram muitos os fatores que influenciaram o acesso a maior renda e bens de consumo. É importante ressaltar que nosso objetivo não é realizar um aprofundamento de todos os fatores explicativos, tarefa que poderia constituir um outro livro, tampouco apontar quais foram os elementos mais importantes nessa trajetória; ao contrário, buscaremos compilar hipóteses, dados e análises que já foram explorados em outras publicações, em um esforço de síntese e consolidação do que já foi produzido.

Inflação e crescimento

O início da década de 1990 foi marcado por uma situação de grande instabilidade, sobretudo pela conjugação de falta de crescimento e altos índices de inflação. Na década anterior, haviam sido lançados sucessivos planos de estabilização econômica, nenhum obtendo sucesso, com impactos negativos para as condições de vida da população. Segundo Rocha (2003), o PIB *per capita* diminuiu 5% entre 1989 e 1993, o que significava menor renda disponível para as famílias e um aumento no número de pobres.

A estabilização econômica só seria conseguida em 1994 a partir do Plano Real. O plano conseguiu, com sucesso, combater a inflação e estabilizar a economia. Para se ter uma ideia, em junho de 1994, poucos meses antes da mudança de moeda, a inflação alcançava 48% ao mês, passando a 22% ao ano em junho de 1995. O controle da inflação trouxe, sobretudo, maior previsibilidade ao cenário nacional. Além disso, permitiu o aumento da renda e a expansão do consumo por parte das famílias. Portanto, o controle inflacionário foi pré-requisito para o aumento da renda e do consumo das famílias que ocorreria posteriormente.

Na década seguinte, assistimos não apenas à continuidade desse processo de estabilização, mas também à retomada do crescimento da economia, fortemente influenciada pelo chamado "boom das *commodities*", ocorrido entre os anos de 2000-14.

De fato, segundo dados da Conferência das Nações Unidas sobre Comércio e Desenvolvimento (Unctad),[6] as *commodities* representam 65% do

---

[6] Os dados podem ser encontrados no relatório State of Commodity Dependence: <http://unctad.org/en/PublicationsLibrary/suc2014d7_en.pdf>.

valor das exportações brasileiras. Durante os anos 2000, o crescimento de mercados emergentes, especialmente a China, levou ao aumento da demanda e, consequentemente, do preço das *commodities* no mercado internacional. Para países exportadores como o Brasil, isso representou um aumento considerável das exportações, com efeitos positivos sobre o crescimento da economia.

Salário mínimo e formalização

Quando olhamos para o período entre 1995 e 2015, é claro que o mercado de trabalho no Brasil foi profundamente alterado pelo processo de abertura econômica, iniciado ainda nos primeiros anos da década de 1990. Os detalhes desse processo fogem ao escopo do nosso capítulo, mas vale ressaltar que a população em geral e as classes CDE em particular passaram a contar com uma gama maior e mais variada de bens e serviços. Um dos fatores impulsionadores do efetivo consumo dessa variedade maior de produtos foi a valorização do salário mínimo, que ocorreu acima da inflação e propiciou ganhos reais de renda para as classes CDE. O gráfico 7 mostra a evolução dos valores do salário mínimo e sua variação real ao longo da década de 2000.

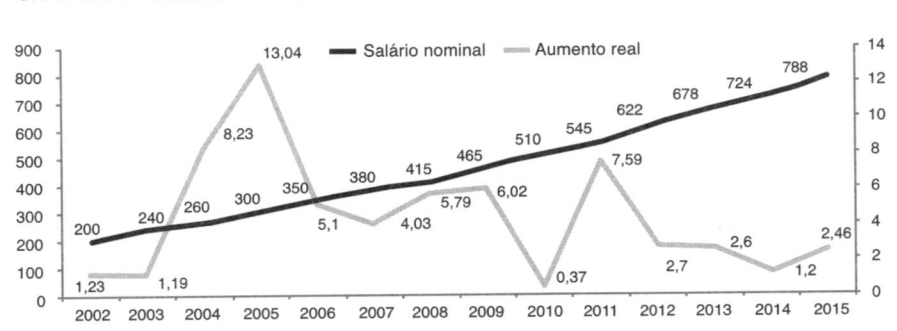

GRÁFICO 7. **Aumento do salário mínimo — variação real e nominal**

Ano	Salário nominal	Aumento real
2002	200	1,23
2003	240	1,19
2004	260	8,23
2005	300	13,04
2006	350	5,1
2007	380	8,23
2007	380	
2008	415	4,03
2009	465	5,79
2010	510	6,02
2010	510	0,37
2011	545	7,59
2012	622	2,7
2013	678	2,6
2014	724	1,2
2015	788	2,46

Fonte: Dieese.

É importante ressaltar que o reajuste do salário mínimo teve um grande impacto na economia pois, além do impacto direto dos salários *per se*, condiciona grande parte dos aumentos dos benefícios sociais (tais como o Benefício de Prestação Continuada — BPC) e as aposentadorias e pensões, gerando um efeito multiplicador na economia que, inclusive, vai além dos trabalhadores formalizados.

Em relação às condições de trabalho, segundo dados da Pnad, entre 1995-2015 o número de empregos formais cresceu 81%, fruto da expansão da economia. O gráfico 8 mostra a evolução do número de empregos formais do período.

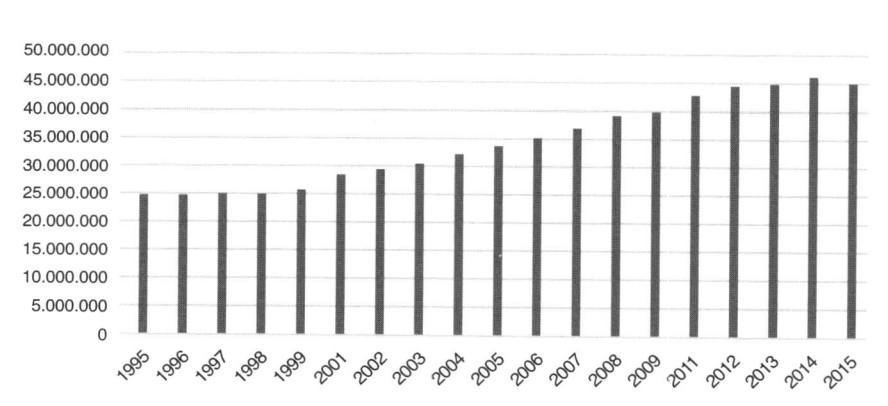

GRÁFICO 8. **Empregos formais no Brasil**

Fonte: Elaboração própria a partir de dados da Pnad (1995-2015).

Outro dado interessante é a proporção de trabalhadores formais e informais do mercado de trabalho. Conforme vemos a seguir, entre a população CDE houve um progressivo aumento da proporção de trabalhadores formais. Outro dado que chama a atenção é a queda progressiva de trabalhadores não remunerados, o que indica melhorias nas condições de trabalho das pessoas de menor renda.

Esse cenário muda em 2015, quando começamos a perceber uma leve queda dos empregos formais e um aumento da informalidade. De fato, a renda e

GRÁFICO 9. **Tipo de vínculo de trabalho — classes CDE**

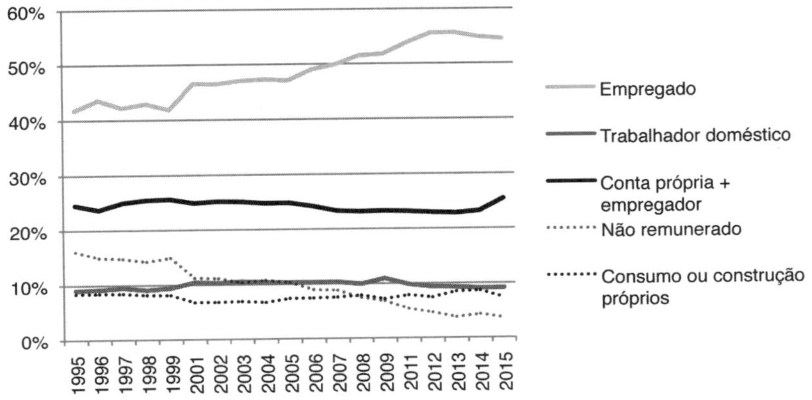

```
                                                    ——— Empregado
                                                    ——— Trabalhador doméstico
                                                    ——— Conta própria +
                                                        empregador
                                                    ······· Não remunerado
                                                    ······· Consumo ou construção
                                                        próprios
```

Fonte: Elaboração própria a partir de dados da Pnad (1995-2015).

o grau de formalização são alguns dos indicadores mais sensíveis às mudanças econômicas, refletindo com rapidez a desaceleração da economia dos últimos três anos. Entretanto, o quadro geral retrata uma tendência de melhoria.

Fatores demográficos

Para além das mudanças decorrentes de fatores econômicos, vale destacar que fatores demográficos, geralmente esquecidos nas análises, favoreceram as mudanças ocorridas no Brasil nas últimas décadas.

O primeiro fator a ser mencionado é o chamado "bônus demográfico". Esse fenômeno ocorre quando há uma parcela maior da população em idade economicamente ativa em comparação com os inativos. O impacto disso na economia é enorme: com mais pessoas aptas a trabalhar, a produção e a renda tendem a crescer, mesmo em contextos de economias altamente informais, como no caso brasileiro. As pirâmides etárias do gráfico 10 ilustram esse quadro: enquanto em 1995 a população brasileira era majoritariamente formada por crianças e jovens (ou seja, com grande proporção de inativos), a pirâmide atual já é formada principalmente por pessoas na faixa dos 20 a 40 anos, que é a idade mais produtiva do ciclo de vida.

GRÁFICO 10. **Pirâmide etária brasileira — 1995 e 2005**

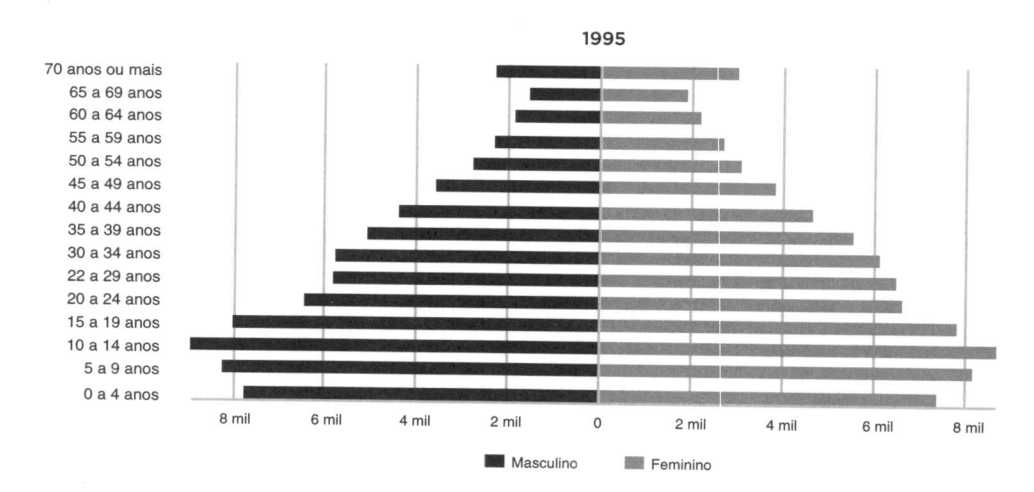

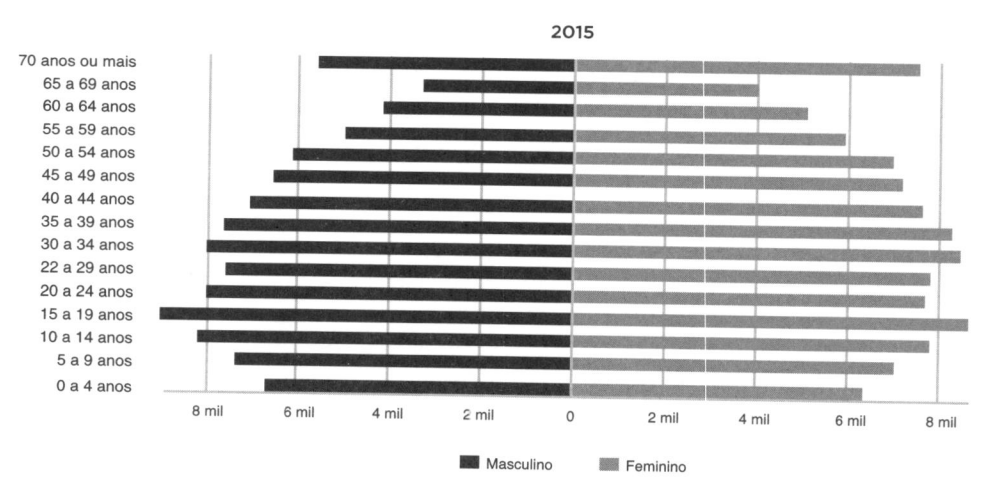

1995

Faixa etária
70 anos ou mais
65 a 69 anos
60 a 64 anos
55 a 59 anos
50 a 54 anos
45 a 49 anos
40 a 44 anos
35 a 39 anos
30 a 34 anos
22 a 29 anos
20 a 24 anos
15 a 19 anos
10 a 14 anos
5 a 9 anos
0 a 4 anos

■ Masculino ■ Feminino

2015

Faixa etária
70 anos ou mais
65 a 69 anos
60 a 64 anos
55 a 59 anos
50 a 54 anos
45 a 49 anos
40 a 44 anos
35 a 39 anos
30 a 34 anos
22 a 29 anos
20 a 24 anos
15 a 19 anos
10 a 14 anos
5 a 9 anos
0 a 4 anos

■ Masculino ■ Feminino

Fonte: Elaboração própria a partir de dados da Pnad (1995-2015).

Mas esse quadro fica ainda mais interessante quando olhamos a mesma pirâmide etária pelo recorte de renda, onde vemos a grande diferença etária presente nas classes sociais. De forma geral, as classes mais altas tendem a ser mais velhas, enquanto nas mais baixas predominam as crianças e jovens. Isso ocorre devido a dois fatores principais: em primeiro lugar, porque as classes mais ricas possuem melhor acesso a serviços de saúde, o que favorece a longevidade. E, em segundo lugar, porque as classes mais altas tendem a ter cada vez menos filhos. Assim, nos estratos mais baixos ainda predomina uma maior fecundidade e, consequentemente, um maior número de crianças e jovens.

O impacto disso no futuro da economia será enorme: com uma população cada vez mais envelhecida, caberá aos futuros jovens produzir e sustentar um contingente cada vez maior de inativos. No longo prazo, essa população ativa virá dos estratos mais baixos da população, o que pode trazer impactos grandes na estrutura do mercado de trabalho. Por exemplo, é provável que muitas empresas tenham que se adaptar para incorporar parcelas cada vez maiores de funcionários oriundos de camadas mais pobres, o que implica desafios de integração e adaptação de linguagem e valores. Nesse contexto, o debate sobre diversidade dentro das empresas se torna cada vez mais relevante.

Outro elemento que merece destaque é a queda geral da fecundidade entre as famílias brasileiras. Ainda que tanto a queda como seus resultados não tenham sido homogêneos entre as classes (como foi visto no argumento anterior), ainda assim é notável a mudança na estrutura das famílias. Para se ter uma ideia, em 1960, a média de filhos por família era de 6,21, enquanto, em 2015, esse número passou para 1,72, abaixo inclusive da taxa de reposição da população, que é de 2,1.

O impacto disso na renda e no consumo também é enorme: com menos pessoas na família, aumenta a disponibilidade de renda e aumenta o consumo de bens e serviços. Antes uma família numerosa tinha menos renda para dispender em produtos supérfluos e relacionados com indulgências, como alimentos industrializados e atividades de lazer. Nesse contexto, é interessante notar a centralidade que as crianças adquirem nos gastos domésticos, com o filho único muitas vezes constando entre os principais decisores de compras da família.

Por fim, ressaltamos as mudanças decorrentes da maior participação da mulher no mercado de trabalho. Desde 1995, a participação da mulher no mercado de trabalho praticamente dobrou, chegando a uma proporção de 51% em 2015.

GRÁFICO 11. **Participação no mercado de trabalho — homens e mulheres (1995-2015)**

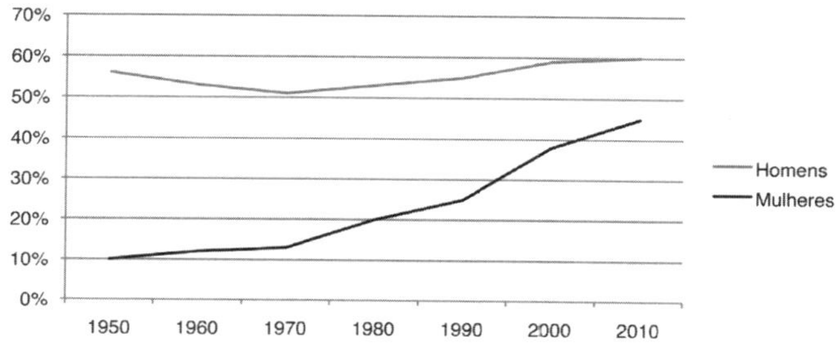

Fonte: Elaboração própria a partir de dados do Censo.

Isso representa uma mudança em duas direções: a primeira, é que passa a haver mais uma fonte de renda na casa, o que aumenta o potencial de consumo das famílias. A segunda, é que, com mais tempo fora de casa, aumenta a demanda por produtos e serviços que facilitem o trabalho doméstico, tais como eletrodomésticos da chamada "linha branca". Assim, o aumento da renda da casa aliado à diminuição do número de horas disponível para a realização do trabalho doméstico impulsionou a venda de máquinas de lavar roupa, geladeiras, batedeiras, liquidificadores e outros itens de afazeres domésticos. Assim, vemos que o aumento da participação da mulher no mercado de trabalho foi um dos fatores responsáveis pela mudança no padrão de consumo dos brasileiros nos últimos anos.

Porém, é importante ressaltar que essas mudanças não foram homogêneas em todas as classes sociais, e grande parte das mulheres que entraram no mercado de trabalho é oriunda das classes mais altas da população. No gráfico 12, que mostra a penetração de mulheres no mercado de trabalho por classe social, podemos ver que o número de mulheres no mercado de trabalho vem aumentando nos últimos anos, inclusive com o aumento expressivo de mulheres de classe C, mas que ainda existe um forte recorte de classe nessa inclusão. Isso mostra o desafio de incluir milhões de mulheres pobres no sistema produtivo, muitas delas com baixa escolaridade e diversos filhos para criar.

GRÁFICO 12. **Proporção de mulheres no mercado de trabalho por classe social (1995-2015)**

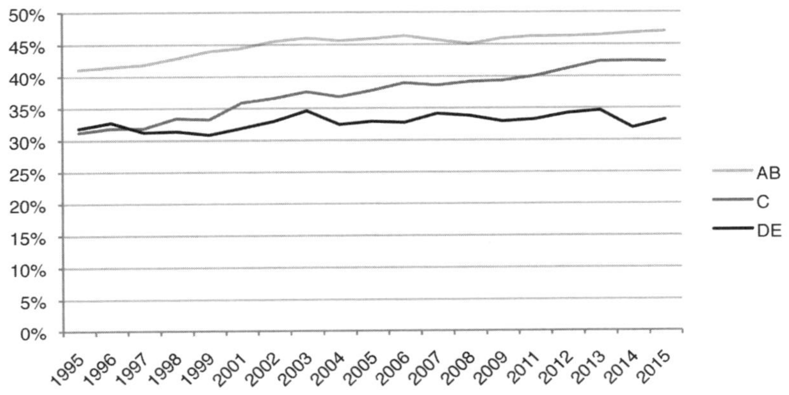

Fonte: Elaboração própria a partir de dados da Pnad (1995-2015).

Para esse público, foram principalmente as políticas sociais, com destaque para os programas de transferência de renda, que promoveram as maiores mudanças em suas condições de vida. No próximo bloco exploraremos mais a fundo estas questões.

Políticas sociais

Segundo um estudo do Ipea (Barros, Carvalho e Franco, 2006), o fator que mais impactou a queda da desigualdade de renda entre os ricos e pobres nos últimos anos foi a renda advinda do trabalho, que se relaciona com a discussão apresentada anteriormente sobre a criação de novos postos de trabalho e aumento da formalização. O estudo mostra que a renda advinda do trabalho foi responsável por 60% da queda da desigualdade, e que as rendas não oriundas do trabalho (com destaque para as transferências de renda) representaram 40% dessa queda. Porém, quando olhamos os estratos mais baixos da população, vemos que essa proporção se inverte, e que as rendas não advindas do trabalho são responsáveis por 51% das mudanças na distribuição de renda verificadas no período. Isso demonstra a importância dos programas de transferência de renda para a redução da pobreza nos últimos anos.

Programas de transferência de renda são aqueles que direcionam recursos monetários diretamente para os beneficiários da política. No Brasil, esses programas existem desde o início dos anos 1990, com algumas experiências municipais pioneiras como os casos de Ribeirão Preto (SP), Campinas (SP) e Brasília (DF). No final dos anos 1990 e começo dos anos 2000, essas políticas passaram a ser implementadas pelo governo federal, tais como o Programa de Erradicação do Trabalho Infantil (Peti) e o Bolsa Escola. Mas a grande mudança ocorreu a partir do Bolsa Família, em 2004, que não apenas unificou diversos programas de transferência de renda federais, mas também expandiu consideravelmente o número de beneficiários. Para se ter uma ideia, atualmente existem 13 milhões de famílias recebendo o benefício, cerca de 50 milhões de pessoas impactadas.

Além do Bolsa Família, outro programa de transferência de renda merece destaque: o Benefício de Prestação Continuada (BPC). Criado no escopo da Constituição de 1988, ele transfere renda diretamente para idosos maiores de 65 anos e pessoas com deficiência e que tenham renda familiar *per capita* mensal inferior a um quarto de salário mínimo.

Por fim, vale mencionar a importância da aposentadoria rural para o aumento da renda dos brasileiros. A aposentadoria rural é uma política criada durante a Constituição de 1988 que tem como objetivo garantir o direito à aposentadoria a trabalhadores rurais, mesmo aqueles que não contribuíram com a previdência, constituindo-se, assim, uma política não contributiva. Hoje ela impacta 9 milhões de pessoas.

Todas essas políticas foram responsáveis pelo aumento de renda das populações mais baixas, que, em muitos casos, passaram a contar com a primeira fonte recorrente de renda da vida.[7] E isso teve um impacto enorme no consumo: pela primeira vez, puderam abrir linhas de crédito e adquirir bens e serviços a prazo, já que os benefícios garantiam o pagamento das parcelas ao longo do tempo.

---

[7] O trabalho de Rego e Pinzani (2013) faz um retrato interessante dessas mudanças pelo ponto de vista das mulheres moradoras do interior do Nordeste e aponta o impacto da recorrência de renda sobre as perspectivas de futuro dessas populações.

PROGRAMA BOLSA FAMÍLIA

O Programa Bolsa Família (PBF) é, atualmente, a maior iniciativa de transferência condicionada de renda do mundo. Instituído em 2004, ele se tornou um dos "carros-chefes" da rede de proteção social brasileira durante os governos Lula e Dilma. O programa tem como objetivo o combate à pobreza e está estruturado em três pilares: a transferência de renda direta às famílias, que atua para o alívio imediato da pobreza; o acesso a direitos sociais, por meio das condicionalidades em saúde e educação; e a integração com outros programas governamentais, o que permite a criação de uma rede de proteção social com atuação de longo prazo.

O foco da política são as famílias em situação de extrema pobreza (renda familiar mensal *per capita* de até R$ 85,00) e de pobreza (renda familiar mensal *per capita* de até R$ 170,00). Para além da renda, os valores são repassados de acordo com fatores de vulnerabilidade da família, como presença de crianças e jovens, pessoas com deficiência, idosos, gestantes e nutrizes. Para entrar no programa as famílias têm que se inscrever no Cadastro Único, sistema que reúne informações sobre as condições de vida e características do domicílio das famílias de baixa renda brasileiras.

Como contrapartida à transferência monetária, o programa possui condicionalidades relacionadas com saúde e educação, como a garantia de vacinação de crianças menores de sete anos, a realização de exames pré-natais e acompanhamento da frequência escolar.

Como toda política, o programa passou por inúmeras modificações desde a sua criação. Por exemplo, em seu início (anos 2003-04), o programa focou os ajustes de cobertura e a integração com outras políticas de transferência de renda federais, em um contexto ainda marcado pelo esforço de unificação. Após esse período, buscou-se o aprimoramento da gestão do programa, com a criação de uma série de investimentos de mecanismos de coordenação federativa e o aperfeiçoamento do CadUnico. A fase seguinte (2007-08) foi marcada por mudanças no desenho do programa, que expandiu os critérios de vulnerabilidade considerados para o repasse dos recursos.

Mas foi em 2011 que o programa sofreu as maiores mudanças, passando a integrar o Plano Brasil Sem Miséria (BSM), que tinha como foco acabar com a extrema pobreza no Brasil. O plano veio do reconhecimento de que ainda havia um número significativo de extremamente pobres no Brasil, mesmo entre os que já eram beneficiários de programas de transferência de renda. Assim, o governo empreendeu esforços no sentido de localizar essas pessoas, aumentar a renda repassada (os valores foram aumentados para que todas as famílias atingissem a linha mínima deextrema pobreza) e incluir essas famílias no sistema produtivo, a partir de políticas de inclusão produtiva.

Apesar dos avanços representados pelo programa, muito ainda precisa melhorar para que a pobreza e a extrema pobreza sejam erradicadas, especialmente em um contexto de retração econômica verificada a partir de 2015. Assim, vemos a importância da atuação em rede das diversas políticas sociais, que não podem atuar separadamente, mas precisam ser geridas de forma conjunta. Nesse contexto, instrumentos integradores como o Cadastro Único são fundamentais e podem constituir formas eficientes da gestão das políticas sociais.

Eletrificação

As primeiras políticas de eletrificação surgiram ainda na era Vargas, mas tinham como prioridade atender aos interesses das concessionárias elétricas, o que acabava por excluir da rede parcelas enormes da população que não podiam pagar por esse acesso. Além disso, as concessionárias podiam cobrar do solicitante a diferença entre o custo da obra de eletrificação e o limite estabelecido para a obra, o que inviabilizava a implantação da rede em áreas pobres e distantes.

Isso mudou a partir de 2003 com a aprovação de uma lei (Lei Federal nº 10.438, de 26 de abril de 2003) que instituiu o direito de todo cidadão a ser atendido pela rede elétrica sem custo, o que ficou conhecido como a Lei da Universalização. A partir desse marco, foi possível criar programas de expansão da eletrificação, merecendo destaque o Programa Luz para Todos, que tinha como objetivo levar energia elétrica para 10 milhões de pessoas.

O acesso à energia elétrica representa uma mudança significativa na qualidade de vida das famílias. Além disso, permite a extensão das atividades de lazer, melhora a realização de afazeres domésticos (que não dependem mais da presença de luz solar para serem realizados) e diminui a sensação de isolamento comum nas áreas rurais. Assim, permite a integração de populações historicamente marginalizadas à sociedade mais ampla.

Em suma, muitas transformações ocorridas na renda e no consumo do brasileiro podem ser creditadas às políticas sociais implementadas, com destaque para as políticas de transferência de renda e as que garantem acesso a serviços públicos. No próximo bloco iremos mostrar como essas mudanças se materializaram no dia a dia das populações de menor renda.

3. Os efeitos na vida das famílias — casos de campo

O impacto dos bens de consumo nas famílias CDE ocorre principalmente em três dimensões: a primeira, mais objetiva, diz respeito à economia de tempo que as famílias passam a ter depois que adquirem determinados bens de consumo. Já a segunda dimensão tem a ver com as possibilidades que os bens oferecem para a geração de renda. Por fim, temos uma dimensão simbólica, já que os bens de consumo propiciam uma sensação de inclusão e pertencimento, importante para populações historicamente excluídas do desenvolvimento.

Essas três dimensões podem ser vistas, em maior ou menor grau, nos casos que iremos apresentar a seguir. No primeiro, temos uma família que teve a vida transformada a partir do acesso a uma máquina de lavar roupas: com mais tempo livre, a dona da casa agora pode se dedicar a aumentar seu negócio, passar mais tempo com a família e realizar mais atividades de lazer. Já no segundo caso, vemos um trabalhador que conseguiu conciliar os dois empregos a partir do momento em que adquiriu uma moto, passando a ter mais tempo livre conseguindo, assim aumentar a renda da família. Por fim, apresentamos uma empreendedora que usa os eletrodomésticos da própria casa para garantir a renda familiar.

Caso 1: O impacto de uma máquina de lavar roupas, Sueli, 47 anos

> Eu sempre fui aquela doméstica mesmo, de ir pro tanque para lavar roupa. Minha mãe dizia que a roupa só ficava limpa se você mesma lavasse. E eu perdia muito tempo com isso [...]. Aí eu testei a máquina de lavar roupa e me apaixonei. Eu digo que é uma das minhas funcionárias mais bem pagas! [risos] Porque ela facilita muito a vida. O tempo que eu perdi na beira do tanque hoje eu estou ligando pra cliente, fazendo os meus doces e salgados e ainda sobra um tempinho para dar atenção ao meu filho... Me sobrou mais tempo.

É dessa forma que Sueli, 47 anos, narra as mudanças causadas em sua vida por sua nova máquina de lavar roupa. Moradora de um bairro periférico no município de Jaboatão dos Guararapes, estado de Pernambuco, ela mora em uma casa própria com o marido (40) e o filho de cinco anos. Seu marido é alfaiate, trabalha registrado em uma loja de luxo no centro da cidade de Recife (PE). Já ela trabalha na comunidade com a venda de salgados e doces para festas e também com a revenda de produtos cosméticos. Seu filho estuda em uma escola particular no bairro. Perto de sua casa moram diversos parentes, entre tios e primos, com quem divide as atividades do bairro.

Nascida em Recife, era a caçula de mais quatro irmãos. Seu pai morreu quando ela tinha quatro anos e era apenas sua mãe que provia a casa, por meio de seu trabalho como empregada doméstica. Com muito esforço, conseguiram construir a casa onde Sueli mora atualmente, onde a mãe também morava até seu falecimento.

Começou a trabalhar muito cedo e conseguiu bolsa parcial para estudar em uma escola particular, que pagava com a ajuda de seu salário. Ao terminar a escola, cursou durante um ano uma faculdade de psicologia, mas depois acabou optando apenas por trabalhar e entrou na carreira publicitária, onde ficou por 10 anos, trabalhando registrada. Decidiu sair do trabalho quando seu filho nasceu e desde então tem atuado como vendedora na comunidade.

Ela considera seu bairro tranquilo, sem barulho ou bagunça. Porém, relata um cenário comum a diversos espaços de periferia, a falta de serviços na região. Para ela, faltam "coisas básicas" como um bom supermercado, feira e pracinha, "tudo o que eu preciso tenho que buscar fora". Ela, que não tem carro, narra a dificuldade em se deslocar em um bairro com escassez de transporte público: "falta até Uber".

Sua rotina atual se divide entre os cuidados com a casa, com o filho, a produção dos doces e salgados e suas vendas na comunidade. Quando não está trabalhando, a família costuma visitar parentes, passear no shopping e ir ao parquinho municipal. Segundo ela, "tudo é muito corrido", pois durante a semana faz os doces e salgados e aos finais de semana sai para entregar nas festinhas que pipocam pelo bairro. Enquanto o trabalho com os doces é mais esporádico, as revendas de cosméticos são mais constantes ("todo mês tem alguém querendo comprar alguma coisinha"), mas ela recebe muito calote. Por essa razão, deixou um pouco de lado essa atividade e atualmente foca os esforços na produção e comercialização de alimentos.

É nesse contexto que alguns eletrodomésticos têm um papel importante ao trazer mais conforto para a família. Um exemplo é o impacto que uma máquina de lavar teve em sua vida, conforme narrado em sua fala inicial. Sueli comprou a máquina usada da irmã e desde então diz que sua vida mudou: antes da máquina de lavar a rotina era ainda mais apertada. Ela narra o passo a passo de lavar as roupas "na mão": primeiro, separava as brancas; depois, separava as sujas e elas iam para o "molho"; separava as roupas delicadas; ensaboava todas as roupas e esfregava uma a uma; enxaguava de duas a três vezes cada peça e depois elas iam para mais um "molho" com amaciante; por fim, enxaguava novamente as roupas e pendurava no varal. Todo esse procedimento demorava de duas a três horas, sendo realizado três vezes por semana. Dá para imaginar o impacto da nova lavadora na rotina da família: "hoje eu faço tudo em menos de uma hora". Para Sueli, "lavadora não é luxo, é uma necessidade, é como fogão e geladeira, não dá pra ficar sem. Eu até brinco com o meu marido 'é melhor até preparar uma de reserva!' [risos]". Ela comenta que até passou a sair mais com a família para atividades de lazer, já que ao final do dia estava menos cansada.

Além da lavadora, outros bens de consumo a ajudam em seu trabalho, como o computador e o celular, usados para gerenciar os pedidos das revendas e dos clientes, e a geladeira e o fogão, usados para a produção dos doces e salgados.

Como visto nas seções anteriores, nesse contexto a presença de luz elétrica é fundamental. É por isso que a família dá prioridade ao pagamento da luz elétrica: "tudo o que eu faço depende de energia". Atualmente a família vive com cerca de R$ 2.000,00, sendo R$ 1.200,00 advindos do salário de seu marido e o resto de seu trabalho como vendedora. Nessa divisão, o marido paga as contas da casa, e Sueli costuma arcar com os gastos de seu filho, como a escola, materiais e roupas, entre outras necessidades. A escolha da escola particular se deu por acreditarem que oferece melhor qualidade de ensino e um melhor ambiente de convivência para seu filho.

Para o futuro, pretende realizar o sonho da casa própria e abrir um ponto de venda. Para ela, a localização de sua casa não favorece as vendas, pois sua casa é muito "escondida". Um ponto de venda lhe permitiria expandir sua atuação e separar a casa do espaço de trabalho, uma necessidade que ela sente: "queria deixar mais limpo e profissional". Porém, ainda tem dificuldade de gerir as contas da casa, pois seu trabalho informal não lhe permite planejar no longo prazo. Ela gostaria de ter acesso a um capital de giro para ajudá-la no negócio, mas diz que é difícil conseguir o crédito.

Nesse caso vemos como o acesso a alguns bens de consumo impactaram positivamente a rotina de uma família, liberando a mulher de algumas atividades domésticas e permitindo que ela tivesse mais tempo para se dedicar ao seu próprio negócio e ao filho. Porém, é importante ressaltar que ainda temos um longo caminho a percorrer para uma maior igualdade na divisão das tarefas domésticas, trabalho ainda muito relegado às mulheres. Com uma divisão mais justa de trabalho, famílias como as de Sueli poderiam aumentar sua renda e investir mais na educação dos filhos.

Caso 2: Motocicleta como elemento de apoio à geração de renda, Claudemir, 33 anos

Claudemir, 33 anos, mora na zona sul do município de São Paulo com a esposa (30) e os dois filhos (sete e dois anos). A casa é própria, construída por seus pais há muitos anos, fruto de um movimento coletivo de mutirão.

Atualmente, todo o sustento da casa advém do salário de Claudemir, que tem dois empregos registrados: um de conferente em uma indústria de plásticos e outro como porteiro. Sua esposa está desempregada, esporadicamente exercendo a atividade de atendente de caixa em uma loja da região, além de atuar como revendedora de cosméticos e *lingerie*. Já seus filhos frequentam a escola e a creche. O filho mais velho estuda em uma escola particular no bairro e frequenta um espaço recreativo de uma igreja da região; o mais novo passa o dia na creche pública. A renda familiar é de cerca de R$ 3.800,00 mensais.

Filho de pai mineiro e mãe pernambucana, Claudemir nasceu e morou em São Paulo a vida toda, mas em um bairro vizinho. Depois de alguns anos, a família saiu do aluguel e começou a construção da casa onde a família mora atualmente. Segundo ele, seu bairro já foi muito pior: "violência, drogas, era tudo escrachado para quem quisesse ver, sem consideração.

Hoje está mais tranquilo". Ele gosta de onde mora e costuma andar a pé com a família, vão ao parque e ao campinho de futebol. Mas sente falta de ter mais atividades para as crianças, especialmente ligadas à educação: "gostaria que tivesse curso de inglês para meus filhos". Para além do bairro, costumam frequentar outros espaços, como parques e shoppings, acessados sempre com o carro da família. Evangélico, vai à igreja toda semana.

A rotina de Claudemir é muito demandante devido aos seus dois empregos. Ele trabalha há sete anos como porteiro desse espaço. Como o salário não bastava, sentiu a necessidade de complementar a renda e passou a fazer bicos em diversos locais, como a fábrica de plásticos em que trabalha atualmente. Após um ano como ajudante, a fábrica propôs contratá-lo como funcionário efetivo e ele aceitou. O salário dobrou, mas a carga de trabalho também, e ele teve que fazer um enorme "malabarismo" para conseguir conciliar as duas atividades.

Essa conciliação só se tornou possível porque ele comprou uma moto para se deslocar de um trabalho a outro. Antes tentou fazer o trajeto de transporte público, mas acabava chegando atrasado e cansado. Depois tentou ir de carro, mas percebeu que os altos custos da gasolina não compensavam o esforço. Então decidiu comprar uma moto e conseguiu fechar um sistema que lhe favorece. Hoje consegue chegar com antecedência, descansar e comer com calma antes de começar o trabalho.

A forma como adquiriu esses dois itens é digna de nota, já que ilustra bem as maneiras pelas quais as classes CDE conseguem criar estratégias de sobrevivência em contextos de menor recurso. Após o nascimento de seu primeiro filho, a família sentiu necessidade de comprar um carro, para facilitar a logística do dia a dia. Diz que "fez muita hora extra" e, com o dinheiro das férias, comprou um carro usado, dando metade à vista e metade a prazo. Sem passar pelos bancos, o parcelamento foi feito "na confiança", pois a pessoa era conhecida.

Já a moto surgiu da necessidade de se deslocar mais rapidamente entre os dois empregos. Com uma situação financeira mais estável, conseguiu um financiamento na própria concessionária e pagava um valor que cabia no seu bolso. Ainda está pagando o financiamento.

Para além do carro e da moto, é possível ver que os bens de consumo têm um papel importante na vida da família. Com poucas opções de lazer fora de casa, eles investiram no conforto doméstico: SmarTV, videogame, tablet, aparelho de som, computador e internet são apenas alguns itens que se veem na sala de estar do entrevistado. Além disso, a família também investe na escola particular e em um plano de saúde para os filhos.

Porém, essa gestão das finanças cotidianas sempre passa por desafios, relacionados com baixa remuneração, desemprego e imprevistos que ocorrem. Por exemplo, ele narra um episódio difícil relacionado com o pagamento de impostos. Ele possui dois empregos registrados, mas como o valor de cada salário está dentro da linha de isenção estabelecida para o pagamento de imposto de renda, seu imposto nunca foi descontado. O problema é que, quando se somam ambos os salários, esse valor supera a linha de isenção, e ele caiu na chamada "malha fina". Depois de anos, descobriu que tinha uma dívida de R$ 4 mil com a Receita Federal, e teve que negociar a dívida e parcelar os impostos devidos, além da remuneração do contador. Essa dívida teve um impacto enorme no orçamento da família e eles tiveram que cortar inúmeros gastos para conseguir fechar o mês. Ele acha esse sistema "injusto", pois atualmente apenas os pobres pagam imposto no Brasil.

Para o futuro, a família deseja obter uma casa própria (pois a atual terá que ser dividida entre os irmãos de Claudemir), continuar pagando a escola particular do filho e, se possível, mudar de bairro. Eles querem ir para bairros vizinhos de melhor reputação e com melhor segurança pública.

Em suma, nesse caso vemos uma família que investiu em bens de consumo para garantir um maior conforto aos seus membros. No caso de Claudemir, os bens garantem lazer dentro de casa, deslocamento e, no caso da moto, permitiu que ele aumentasse a renda familiar. Para Claudemir, o mais importante é poder dar o melhor para sua família: "eu digo que ser pobre não é pecado, mas querer ser é masoquismo. A pessoa fala 'po, não quero ter uma casa legal, não quero ter nada, quero andar com meu chinelo?', ninguém quer isso". Nesse contexto, os bens de consumo representam um caminho para uma vida mais confortável, com mais oportunidades no futuro, e simbolizam o desejo de todo brasileiro de menor renda: ascender socialmente. De fato, como visto nas seções anteriores, diversos estudos mostram a importância dos bens de consumo na vida simbólica dessas populações. Porém, garantir esse conforto ainda é um desafio para os brasileiros, e muitos deles têm que se submeter a jornadas de trabalho exaustivas para conseguir um padrão mínimo de vida. Isso é apenas mais um exemplo das grandes desigualdades que ainda temos que enfrentar.

Caso 3: Posse de bens para a geração de renda, Fabiana, 48 anos

Fabiana tem 48 anos e mora com seu marido (37) e seus dois filhos (oito e seis anos) em um domicílio na zona sul da cidade de São Paulo, em um bairro periférico. Ela também tem uma filha de 21 anos que é casada e mora com o marido e o filho em outra residência.

Seu marido trabalha como autônomo em diversas atividades, como pedreiro, segurança, "faz um pouco de tudo", como ela mesma define. Seus filhos estudam em duas escolas públicas diferentes, no mesmo bairro. Já Fabiana trabalha como diarista três vezes por semana em uma casa de família e, nos outros dias, se dedica a manter um restaurante na parte da frente de sua casa, onde era a antiga garagem. No local eles vendem almoços, bolos, café e salgados. Sua filha mais velha também trabalha no restaurante e é ela quem cuida do espaço quando Fabiana está trabalhando nas faxinas.

A casa onde moram é da família do marido. Anteriormente ela morava em uma casa própria no mesmo bairro, construída por ela mesma. Aprendeu a construir com seu primeiro marido, pai de sua filha mais velha, quando ainda moravam juntos. Após a separação, comprou um terreno na zona sul de São Paulo e começou a fazer a obra. Hoje a casa abriga a família de sua filha.

Atualmente a família se sustenta a partir da articulação de diversos recursos: além de seu trabalho como diarista e do dinheiro do restaurante, eles também contam com a renda advinda do aluguel de um cômodo em sua casa e dos bicos que o marido faz como pedreiro. Ao todo, ganham cerca de R$ 2.500,00.

Segundo ela, sua rotina é "corrida". Por atuar em tantas áreas, fica difícil ter algum momento de lazer, ela mesma diz que trabalha todos os dias sem folga: quando não está trabalhando como diarista, está cuidando do restaurante, atendendo clientes, cozinhando ou fazendo as entregas das marmitas na região. Famoso pela feijoada aos sábados e pelo frango assado aos domingos, seu restaurante funciona todos os dias, o que lhe confere poucos momentos de descanso. Mesmo assim, ela diz que "gosta de trabalhar bastante". Nos raros momentos de folga, gosta de ir ao cinema com a família ou participar das atividades da igreja evangélica que frequenta há 21 anos.

Sua trajetória de vida foi sempre permeada pelo trabalho, muitas vezes em condições precárias. Nascida no Rio Grande do Norte, filha caçula com seis irmãos homens, trabalhou na roça desde pequena. Ela narra uma infância simples, mas feliz, em um sítio que "dava tudo": "tudo que a gente precisava a natureza nos dava, tudo tudo, a carne, o queijo, a rapadura, o doce [...] já viu pasta de dente natural? Lá tem uma planta, uma árvore grande chamada juá, que solta muitos frutos, você raspa a raspinha da madeira e dá a pasta de dente". Ela também sente falta da vida comunitária da roça: "era maravilhoso, nunca passei necessidade, era tudo muito lindo, você sentia o amor das pessoas, tinha mais união, era mais solidário".

Aos 11 anos foi trabalhar como empregada doméstica na cidade vizinha. Também o narra como um período feliz, apesar de essa prática ser classificada como trabalho infantil. Com 18 anos foi para São Paulo trabalhar como doméstica em outra casa, emprego conseguido por indicação de uma tia. Porém, ao chegar, descobriu que a patroa havia pagado sua passagem e que ela deveria devolver o dinheiro em forma de trabalho, caracterizando uma típica relação de escravidão por dívida. Após um ano, saiu desse emprego e passou a morar na casa de outra família. A partir disso alternou entre diversos empregos, sempre em casa de família, ora com registro em carteira, ora trabalhando na informalidade. Segunda ela, adora o que faz: "amo trabalhar fora, amo ser arrumadeira. Adoro chegar na casa dos outros e deixar tudo arrumado".

A ideia de trabalhar com alimentos veio do sucesso que sua feijoada fazia na região. Primeiro fazia apenas para a família, depois começou a expandir para a vizinhança. Viram que ajudava a complementar a renda e passaram a fazer entregas no bairro aos finais de semana. Após um ano, decidiu abrir um restaurante na garagem de casa. O motivo dessa escolha foi o de poder ficar mais perto da família, já que, ao trabalhar fora, tinha que conseguir alguém para cuidar dos filhos. Com o restaurante, poderia trabalhar na comunidade, gerar renda e cuidar dos filhos.

Nesse contexto, a posse de bens de consumo é essencial para a realização do trabalho. Ela começou utilizando os próprios eletrodomésticos, como geladeira e fogão, para a realização das refeições. Com o tempo, foi adquirindo outros itens, como fritadeira, chapeira, forno elétrico e micro-ondas. A grande virada ocorreu quando um colega de seu marido decidiu se desfazer de um restaurante e pôs à venda uma cozinha industrial completa. O total das compras (que incluíam freezer, geladeira, cadeiras, mesas e panelas) ficava em R$ 2 mil, dinheiro que a família não possuía. Decidiram usar o crédito do cheque especial para efetuar a compra e conseguiram montar o restaurante completo.

Contudo, a família ainda enfrenta as dificuldades comuns a muitos empreendedores de menor renda: o desafio de separar o dinheiro da casa e o do negócio. Fabiana diz que não sabe quanto (e se) lucra com o restaurante, mas sabe "que ele paga a comida e as contas da casa, e ainda o salário da minha filha". Segundo ela, o problema é o chamado "ponto": em um local afastado dos centros comerciais do bairro, as vendas acabam limitadas pelo pouco movimento da rua.

Seus planos para o futuro incluem ter uma vida confortável, mas modesta:

> meu sonho é ter uma renda boa, ter a minha casa grande, com meus móveis, ter um carro bom pra eu viajar, ver a minha mãe que eu não vejo há 10 anos... Eu não queria enricar, sei porque eu vejo, é difícil, eu trabalho com pessoas ricas, eu sei como é a vida do rico, eu não queria ser rica. É muita atribulação, eles não são felizes. Eu quero ser remediada, como diz o nordestino, significa ter uma boa roupa, um bom calçado, fazer uma viagem, e ajudar as pessoas que precisarem de mim.

Para ela, é por meio do trabalho duro que irá conseguir realizar seus sonhos, e a fala da ascensão é muito marcante: "eu quero progredir, não acho que vou ficar rica, mas quero progredir, eu sempre corri atrás, sempre busquei meus objetivos". Além do trabalho, estão investindo tudo o que sobra na construção de outro cômodo de aluguel.

Em resumo, o caso de Fabiana ilustra bem como o maior acesso a bens de consumo está apoiando o desenvolvimento dos pequenos negócios. Assim como milhares de outros, o negócio de Fabiana só pôde ocorrer porque ela possuía itens como geladeira e fogão em sua casa, além do carro próprio que lhe permite fazer as entregas. Porém, vemos também a grande dificuldade que é gerenciar um negócio sem a formação necessária para tal, tampouco sem apoio de bancos e microcrédito. Assim, podemos ver que a falta de controle financeiro, aliada à escassez de crédito, ainda constitui obstáculo ao desenvolvimento dos pequenos negócios.

4. Desafios para o futuro

Este capítulo buscou mostrar algumas das transformações que os lares brasileiros passaram em termos de renda e posse de bens nas últimas décadas. Apesar da grande parte dessas transformações ter sido positiva, ainda são muitos os desafios, conforme apresentamos a seguir, enfatizando os possíveis caminhos de atuação da ação pública:

a. Compreender e ampliar noções sobre os arranjos de sobrevivência dos mais pobres

As famílias CDE utilizam uma multiplicidade de estratégias, recursos e ativos para gerenciar os desafios do dia a dia. Existe um saber prático sobre como gerir os recursos da casa, e esses saberes deveriam ser mais bem levados em consideração pelos estudos sobre sustentabilidade familiar. Compreender de que forma elas compõem sua renda e quais critérios utilizam para alocar seus recursos é o primeiro passo para criar políticas e mecanismos de mercado adequados às suas necessidades. Por exemplo, a criação e a disseminação de produtos financeiros que acompanhem a ampla variação da renda das classes baixas poderiam ajudar a aumentar a resiliência das famílias ante os imprevistos, entre outras iniciativas.

b. Ampliar e garantir a perenidade de políticas redistributivas

Em um país tão desigual como o Brasil, colocar o combate à desigualdade como foco da ação governamental é imperativo. Entre várias iniciativas, podemos citar a necessidade de manter e ampliar o escopo de políticas de transferência de renda (como o Bolsa Família e o BPC), e ampliar o acesso a serviços públicos (como educação e saúde, que têm grande impacto na renda dos brasileiros, especialmente no longo prazo).

c. *Expandir a oferta de políticas de inclusão produtiva*

As políticas de inclusão produtiva se expandiram durante os anos 2000, com destaque para as políticas de educação profissional. Essas políticas são importantes não somente por seu efeito potencial sobre a inclusão produtiva da população de baixa renda, mas também pelo potencial de aumentar a produtividade dos trabalhadores, o que permite aumentos reais de salários, inclusive o salário mínimo, sem risco inflacionário.

d. *Garantir a continuidade da estabilidade de preços na economia*

A estabilidade da inflação trazida a partir do Plano Real teve papel importante na melhoria do padrão de renda e consumo das famílias brasileiras desde então. O controle da inflação, além de desejável para dar estabilidade para a economia de maneira geral, é especialmente importante para famílias mais pobres, pois elas em geral têm menos acesso a mecanismos de proteção contra os efeitos negativos da inflação. É importante então que o combate à inflação siga sendo alvo primordial da política econômica como forma de garantir o valor real da renda das famílias mais vulneráveis.

e. *Apoiar a criação e o desenvolvimento de pequenos negócios e trabalhadores autônomos*

Atualmente, 98% das empresas no país são micro e pequenas empresas, é preciso fortalecê-las para que sejam gerados empregos em localidades menos atrativas para grandes empresas. A simplificação de processos legais e tributários e a desburocratização podem ter um papel importante para a estruturação formal de pequenos negócios, na linha da criação do Micro Empreendedor Individual (MEI), categoria que formaliza os pequenos empreendedores e que conta atualmente com 6,8 milhões de inscritos.

f. Construir rede articulada de proteção social

Todos os fatores citados são importantes para a superação da pobreza e da desigualdade, mas eles, sozinhos, não conseguem efetivar as mudanças de que precisamos. Neste sentido, é preciso um esforço de integrar as políticas em uma rede social ampla, que se efetive independentemente do governo que estiver no poder.

REFERÊNCIAS

ALWANG, J.; SIEGEL, P. B.; JORGENSEN, S. L. Vulnerability: a view from different disciplines. *Social Protection Discussion Paper Series*, v. 115, p. 60, 2001.

BARROS, R. P. de; CARVALHO, M. de; FRANCO, S. O Papel das Transferências Públicas na Queda Recente da Desigualdade de Renda Brasileira. In: *Desigualdade de renda no Brasil*: uma análise da queda recente. s.l: s.n., 2006.

CASTEL, R. *As metamorfoses da questão social*: uma crônica do salário. Petrópolis: Vozes, 1998.

MURRAY, C. Livelihoods research: some conceptual and methodological issues. *Background Paper*, v. 5, 2001.

PAUGAM, S. *Las formas elementares de la pobreza*. Madri: Alianza Editorial, 2007.

REGO, W.; PINZANI, A. *Vozes do Bolsa Família*: autonomia, dinheiro e cidadania. São Paulo: Editora Unesp, 2013.

ROCHA, S. *Pobreza no Brasil*: afinal, de que se trata? São Paulo: FGV Ed., 2003.

SEN, A. Capability and well-being. In: NUSSBAUM, M.; SEN, A. (ed.). *The quality of life*. Oxford: Clarendon Press, 1993a. p. 30-53.

____. *Desenvolvimento como liberdade*. São Paulo: Companhia das Letras, 1999.

____. O desenvolvimento como expansão de capacidades. *Lua Nova: Revista de Cultura e Política*, v. 28-29, p. 313-334, 1993b.

SUBIRATS, J.; BRUGUÉ, Q.; GOMÀ, R. De la pobreza a la exclusión social. *Revista Internacional de Sociología*, v. 33, p. 1-34, 2002.

YACCOUB, H. A chamada "nova classe média": cultura material, inclusão e distinção social. *Horizontes Antropológicos*, v. 17, n. 36, p. 197-231, 2011.

CAPÍTULO 4
INCLUSÃO FINANCEIRA

Lauro Gonzalez
Mariel Deak

1. O que mudou?

Das microfinanças à inclusão financeira

O que atualmente denominamos inclusão financeira tem suas origens nas microfinanças, termo relacionado com os serviços financeiros — crédito, poupança, meios de pagamento e seguro — direcionados para a população de menor renda, geralmente excluída do sistema financeiro tradicional. Expandir a inclusão financeira é um desafio porque os serviços e os produtos já oferecidos para as classes média e alta não podem ser automaticamente replicados para a parcela excluída da população. As necessidades não são as mesmas e a realidade local precisa ser considerada, tanto para o desenho quanto para a distribuição dos produtos.[1]

Assim, o caminho da inclusão financeira é cheio de obstáculos. Ao mesmo tempo, o sistema financeiro tradicional tem se mostrado pouco ágil para construir modelos de negócio capazes de superar esses entraves. Justamente aí as microfinanças emergem portando a promessa[2] de utilizar mecanismos inovadores, modelos pensados "fora da caixa" para conseguir atender a população pobre e excluída. Nesse processo, o crédito acabou ganhando uma expressão preponderante ante os demais serviços financeiros a ponto de as microfinanças passarem a ser sinônimo de microcrédito,[3]

---

[1] Para uma discussão sobre desenho e distribuição de produtos para a baixa renda, ver Radjou e Prabhu (2012:81-88).
[2] Uma síntese da promessa das microfinanças pode ser encontrada em Morduch (1999).
[3] Nos capítulos 1 e 2 de Aghion e Morduch (2010), há uma discussão formal dos obstáculos e soluções do microcrédito.

tendo à frente, como modelo e fonte de inspiração, o Banco Grameen, criado em Bangladesh por Muhammad Yunus, conhecido como "banqueiro dos pobres", ganhador do prêmio Nobel da Paz em 2006.

O primeiro obstáculo é a falta de informação adequada, também conhecida na literatura especializada como assimetria de informação. Um exemplo pode ser uma operação de concessão de crédito para um vendedor de rua, sobre o qual geralmente não há informação suficiente para avaliação de risco. Um segundo obstáculo é a falta de garantias, ou seja, a inexistência de bens ou ativos que possam ser oferecidos ao credor como forma de viabilizar a obtenção de crédito. O terceiro obstáculo são os elevados custos de transação. Coletar e avaliar informações sobre a população de baixa renda pode ser custoso e desinteressante do ponto de vista econômico, dado que os pequenos montantes das operações não justificam custos incorridos.[4]

A combinação desses obstáculos dá origem a um indesejável círculo vicioso de exclusão dos mais pobres do mercado. Não há acesso a crédito por não haver ativos acumulados que possam ser oferecidos como garantia, e não há ativos acumulados justamente por não haver acesso a crédito devido aos altos custos de transação e aos problemas informacionais.

Dois mecanismos inovadores do microcrédito buscam quebrar esse círculo vicioso. O primeiro são os empréstimos em grupo, que nada mais são do que arranjos feitos por indivíduos que não dispõem de garantias tradicionalmente demandadas pelo sistema financeiro. Tais pessoas formam um grupo cujo objetivo é a obtenção de crédito; em caso de inadimplência de um dos membros, os demais devem pagar a parcela correspondente, sob pena de não receber mais créditos. A grande vantagem do empréstimo em grupo é superar o obstáculo da falta de garantia.

O segundo mecanismo inovador é a presença dos agentes de crédito, principais responsáveis pelo relacionamento entre as instituições de microfinanças e os clientes. Nas instituições financeiras tradicionais, é comum haver profissionais alocados especificamente para o atendimento de um grupo de clientes. Quanto maior a importância econômica do cliente, maior o grau de exclusividade no atendimento. No mundo das microfinan-

---

[4] Os obstáculos e inovações aqui descritos se baseiam em Gonzalez e Diniz (2013: 182-204).

ças, esse tipo de relacionamento tenderia a não existir. O agente de crédito rompe essa lógica. Mesmo lidando com montantes reduzidos, o tomador desfruta de um relacionamento próximo e diferenciado, semelhante àquele de clientes de alta renda.

A adoção desses e outros mecanismos impulsionou, especialmente na Ásia e na América Latina, inúmeras iniciativas e instituições, dando origem a uma indústria de microfinanças.[5] Não obstante a expansão, havia indícios de que a escala necessária só seria realmente atingida se houvesse uma integração das microfinanças com o sistema financeiro tradicional. Justamente aí surge o termo "inclusão financeira", que dá título ao presente capítulo. Ou seja, emerge em decorrência do processo de integração descrito anteriormente, quando passa a preponderar a ideia de que o desafio de ofertar serviços e produtos financeiros à população de baixa renda, notadamente a escala necessária, não poderia se limitar ao microcrédito e às instituições de microfinanças, mas envolver também o sistema financeiro tradicional. Para que se tenha uma ideia, estudos recentes do Banco Mundial estimam haver quase 2 bilhões de pessoas excluídas do sistema financeiro.[6]

Claro que essa integração trouxe à tona inúmeros desafios, a começar pela necessidade de harmonizar lógicas de atuação de natureza distinta, orientadas para a promoção do desenvolvimento (microfinanças) e para o lucro (bancos tradicionais).[7]

A inclusão financeira pode ser definida como o processo de *efetivo acesso* e *uso* pela população de serviços financeiros *adequados* às suas necessidades, contribuindo com sua qualidade de vida. A diferença entre acesso e uso não é meramente semântica, mas baseada no entendimento de que o foco exclusivo no acesso é inadequado. Um exemplo simples e elucidativo são as contas-correntes, em tese uma porta de entrada para acessar diversos serviços financeiros prestados pelos bancos. É preciso considerar em que medida as pessoas de fato utilizam tais contas, quantas vezes por mês, por ano etc. Ou seja, há diferença entre bancarização e inclusão financeira. A

---

[5] Para uma descrição dos primórdios e da evolução das microfinancas, ver a primeira seção de Schmidt (2010).
[6] Disponível em: <worldbank.org/en/programs/globalfindex>.
[7] A abertura de capital do Compartamos é bastante emblemática. Conforme analisado em Rosenberg (2007).

posse de contas-correntes tende a inflar as estatísticas de bancarização, mas um baixo nível de utilização denota pouca adequação das contas-correntes às necessidades reais da população de menor renda. Em suma, a inclusão financeira só se materializa quando produtos e serviços financeiros atendem às necessidades da baixa renda.

Cenário atual da inclusão financeira no Brasil

Tanto no Brasil como no mundo, aumentou significativamente a disponibilidade de informação que permite analisar a evolução da inclusão financeira. Merecem especial menção as diversas iniciativas do BCB, notadamente aquelas vinculadas ao Departamento de Promoção da Cidadania Financeira. Para dados em nível mundial, o Banco Mundial capitaneou a criação do Global Findex Database, que se baseou em cerca de 150 mil entrevistas realizadas em 140 países nos anos de 2011 e 2014. No momento em que este capítulo estava sendo escrito, havia expectativa de divulgação dos dados relativos à terceira coleta, o que permitirá análises mais robustas e comparações internacionais que podem contribuir para a avaliação de políticas e desenho de estratégias de atuação dos sistemas financeiros locais.

Voltando à definição da inclusão financeira, esta possui três dimensões: acesso, uso e qualidade.[8] Portanto, a evolução da inclusão financeira pode ser acompanhada a partir do que acontece com cada uma dessas dimensões. O acesso busca dar uma medida da disponibilidade dos serviços e produtos financeiros ofertados. O uso relaciona-se com a intensidade, a extensão e a profundidade de utilização dos serviços e produtos financeiros. Por fim, a dimensão qualidade, certamente a mais complexa das três, como discutiremos adiante, diz respeito aos efeitos dos serviços e produtos financeiros sobre a qualidade de vida dos consumidores, incluindo, por exemplo, os mecanismos de proteção e defesa em funcionamento, tais como os Procons.

Definidas as dimensões relevantes, o passo seguinte envolve a tarefa nada trivial de estabelecer quais variáveis capturam adequadamente cada dimen-

---

[8] Um discussão sobre as dimensões e suas respectivas variáveis pode ser encontrada em Roa (2015).

são. Devemos lembrar que, com as novas tecnologias, essas variáveis podem se alterar ao longo do tempo, como quando empresas não bancárias e não financeiras passam a atuar nos serviços financeiros. Além disso, são necessários investimentos para coleta de informação que permitam levantar essas variáveis periodicamente, sem as quais teremos fotografias isoladas e não um filme mais completo sobre a dinâmica de evolução da inclusão financeira.

Vale salientar que vários dados apresentados a seguir compreendem um período menor do que o abordado neste livro — últimos 20 anos — justamente porque antes inexistia um banco de dados voltado exclusivamente para a inclusão financeira. Não obstante, na discussão empreendida abordaremos políticas e movimentos de mercado que levam em conta as duas últimas décadas.

Evolução do acesso

CONTAS BANCÁRIAS

O acesso a contas bancárias pode ser visto como uma porta de entrada para o mercado formal de serviços financeiros. A conta daria início a um relacionamento entre instituições financeiras, geralmente bancos, e clientes, que permitiria mitigar a assimetria de informação e reduzir os custos de transação, ampliando a gama de serviços oferecidos. Muito embora novos modelos de negócio possam gerar formas de acesso a serviços financeiros sem a presença de bancos, a posse de contas bancárias não perdeu relevância como uma das formas de inclusão financeira.

Os relatórios divulgados pelo BCB situam a posse das contas bancárias dentro da dimensão "uso" da inclusão financeira. Entretanto, acreditamos que a posse, *per se*, não implica necessariamente sua utilização,[9] sendo mais apropriado situá-la na dimensão acesso.[10] A tabela 1 apresenta a evolução recente da posse de contas-correntes no Brasil e, para efeitos de comparação, nos países mais ricos.

---

[9] Ver páginas 63 e 64 do *Relatório de inclusão financeira* do BCB (2015).
[10] A baixa utilização das contas-correntes simplificadas, cujo objetivo era bancarizar a população de baixa renda, é um exemplo prático da diferença entre as dimensões acesso e uso. Ver *Valor Econômico* (2011).

TABELA 1. **Posse de conta-corrente (pessoas acima de 15 anos)**

Anos	2011	2014
Brasil-População geral	56%	68%
Brasil-40% mais pobres	39%	59%
Diferença pop. geral 40%mais pobres	17%	9%
Países de alta renda (OCDE)	90%	94%

Fonte: Banco Mundial.

GRÁFICO 1. **Proporção de adultos com relacionamento bancário**

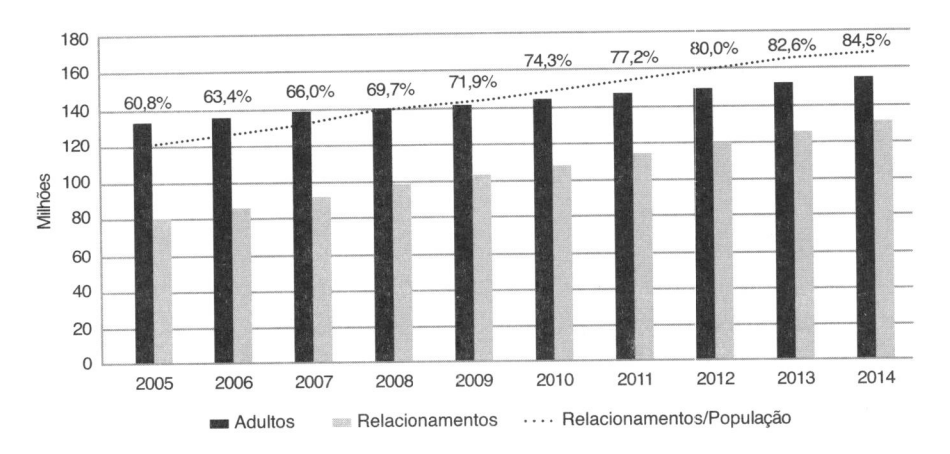

[Gráfico de barras mostrando Adultos, Relacionamentos e Relacionamentos/População de 2005 a 2014, com percentuais: 60,8%, 63,4%, 66,0%, 69,7%, 71,9%, 74,3%, 77,2%, 80,0%, 82,6%, 84,5%]

Fontes: BBC E IBGE.

Os números da tabela 1 mostram uma forte expansão do acesso, sobretudo para a parcela mais pobre da população. Buscando aumentar o horizonte temporal, o gráfico 1 utiliza uma base de dados do BCB que retrata o relacionamento bancário capturado pela posse de conta bancária.[11] Embora os dados não sejam diretamente comparáveis com os da tabela anterior, as evidências de ampliação de acesso são semelhantes. Evidentemente, precisamos levar em conta que ainda existe uma diferença relevante quando

---

[11] Ver texto mencionado na nota de rodapé 9 para uma discussão sobre a definição de relacionamento bancário.

comparamos o Brasil com países desenvolvidos (OCDE). De fato, o número estimado de 94% da tabela 1 pode até ser interpretado como acesso "universal", a depender da porcentagem de pessoas que voluntariamente optam por não ter conta-corrente.[12]

CANAIS DE DISTRIBUIÇÃO

As principais medidas de acesso a serviços financeiros se baseiam na diversidade e capilaridade dos canais de distribuição. O formato específico dos canais e sua importância relativa podem se alterar ao longo do tempo, sobretudo por inovações tecnológicas e novos modelos de negócio. As tabelas seguintes apresentam a evolução geral do conjunto de canais[13] ajustados por tamanho de território e população. O intervalo temporal apresentado leva em conta a disponibilidade de dados.

TABELA 2. **Evolução dos pontos de atendimento por mil km²**

Anos	2005	2008	2010	2014
Total Brasil	16,5	22,7	31,3	33,75

Fonte: BCB (2011 e 2015).

TABELA 3. **Evolução dos pontos de atendimento por 10 mil adultos**

Anos	2005	2008	2010	2014
Total Brasil	10,7	13,9	18,34	18,54

Fonte: BCB (2011 e 2015).

Houve forte expansão na rede de canais de acesso no Brasil, tanto do ponto de vista de distribuição geográfica quanto da presença nas áreas de maior população.

---

[12] Sobre as formas de exclusão, ver Claessens (2005).
[13] Os canais são agências bancárias, correspondentes, postos de atendimento bancário, postos de atendimento eletrônico, postos de atendimento avançado e cooperativas.

Em 2005, em uma área de 1.000 km² do território brasileiro, havia, em média, 16,5 pontos de atendimento, dos quais aproximadamente seis eram pontos de correspondentes. Em 2010, esse número sobe para 31,3, sendo aproximadamente dezoito deles pontos de correspondentes. Para cada 10 mil brasileiros adultos, havia, em 2005, 10,7 pontos de atendimento, sendo aproximadamente seis deles pontos de correspondentes. Em 2010, havia 18,3, dos os quais dez pontos de correspondentes [BCB, 2011:43].

Já entre 2010 e 2014, uma nova dinâmica parece ter se instaurado, resultando uma menor velocidade de expansão dos correspondentes.

Sendo um país de grande extensão territorial, podemos notar que o acesso a serviços financeiros reproduz a desigualdade entre as regiões. Os canais de acesso a serviços financeiros se espalham de maneira mais intensa no Sul e Sudeste, regiões relativamente mais ricas do país. Embora isso seja esperado pelo fato de PIB *per capita* e escolaridade serem variáveis explicativas típicas para o acesso a serviços financeiros, permanece o desafio de mitigar diferenças regionais na dimensão acesso. O Norte e o Nordeste, as duas regiões mais pobres do país, possuem indicadores significativamente menores do que a média nacional.

Devemos notar que o número de agências bancárias tradicionais cresceu no período, entretanto, há uma tendência de essas agências ocuparem

TABELA 4. **Distribuição regional de pontos de atendimento — quadro comparativo: 2010 e 2014**

Região	Pontos de atendimento por mil km²		Pontos de atendimento por 10 mil adultos	
	2010	2014	2010	2014
Centro-Oeste	13,3	15,8	20,12	21,86
Nordeste	35,5	37,95	14,16	14,28
Norte	3,2	4,03	11,12	12,96
Sudeste	128,9	139,32	18,94	19,23
Sul	102,5	103,24	27,01	25,42
Total Brasil	**31,3**	**33,75**	**18,34**	**18,54**

Fonte: BCB (2015).

um espaço cada vez menor em meio à expansão dos demais canais, sobretudo pela tendência de aumento do acesso via canais remotos (internet, celulares e tablets). O fator limitante pode ser o precário acesso à internet em localidades mais pobres.

TABELA 5. **Número de agências bancárias por região**

Região	2010	2011	2012	2013	2014	Evolução 2010-2014
Centro-Oeste	1.410	1.513	1.596	1.722	1.851	31,3%
Nordeste	2.672	3.035	3.295	3.454	3.673	37,5%
Norte	778	919	1.000	1.043	1.136	46,0%
Sudeste	9.748	10.272	10.654	11.027	12.228	25,4%
Sul	3.605	3.883	4.051	4.158	4391	21,8%
Total	18.213	19.622	20.596	21.404	23.279	27,8%

Fonte: BCB (2015).

Evolução do uso

A dimensão uso envolve essencialmente um entendimento aprofundado da demanda, ou seja, das preferências e atitudes dos usuários de serviços financeiros. Tipicamente, há uma disponibilidade maior de dados relativos à oferta, sobretudo no caso de setores regulados e supervisionados formalmente, como é o caso das instituições financeiras, que prestam contas e enviam informação de maneira regular para os órgãos competentes. Esse fluxo de informação gera uma massa de dados públicos muito útil para estudos e pesquisas independentes sobre o acesso aos serviços financeiros.

Podemos citar dois estudos que vieram preencher essa lacuna. O primeiro, realizado pelo BCB, em 2014, coletou dados por meio de 2.500 entrevistas em todo o Brasil.[14] O segundo, realizado pela Plano CDE e pelo Centro de Estudos

---

[14] Disponível em: <www.bcb.gov.br/Nor/relincfin/serie_cidadania_financeira_3_uso_qualidade_servicos.pdf>.

em Microfinanças e Inclusão Financeira da FGV (GVcemif),[15] teve recorte específico na baixa renda e se baseou em 1.500 questionários aplicados em todo o Brasil, além de grupos focais e entrevistas em profundidade. Alguns resultados desses estudos serão apresentados e discutidos logo adiante.

CONTAS-CORRENTES E MEIOS DE PAGAMENTO

O gráfico seguinte, extraído do estudo do BCB, mostra o percentual de contas inativas conforme diferentes ocupações. A definição de conta inativa baseou-se em ausência de movimentação por um prazo superior a seis meses. Acreditamos que a definição de "inatividade" seria mais bem especificada se o período fosse inferior aos seis meses adotados.[16] De toda forma, os números apresentados mostram uma porcentagem de contas inativas maior para algumas profissões comumente concentradas na baixa renda.

GRÁFICO 2. **Posse de conta sem uso por mais de seis meses para diferentes ocupações**

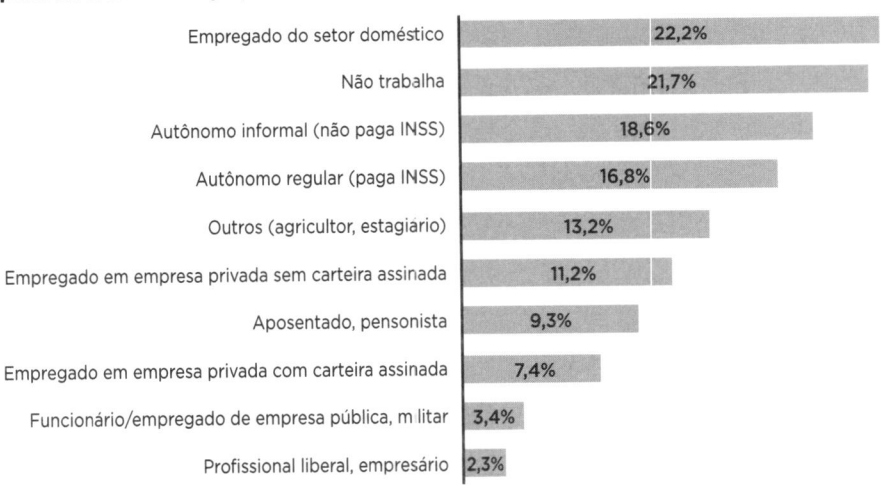

Ocupação	%
Empregado do setor doméstico	22,2%
Não trabalha	21,7%
Autônomo informal (não paga INSS)	18,6%
Autônomo regular (paga INSS)	16,8%
Outros (agricultor, estagiario)	13,2%
Empregado em empresa privada sem carteira assinada	11,2%
Aposentado, pensonista	9,3%
Empregado em empresa privada com carteira assinada	7,4%
Funcionário/empregado de empresa pública, militar	3,4%
Profissional liberal, empresário	2,3%

Fonte: Banco Central do Brasil.

---

[15] Disponível em: <http://cemif.fgv.br/noticias/pesquisa-segmentacao-em-inclusao-financeira-no-brasil>.
[16] Outros estudos usam períodos mais curtos, como Allen e outros (2012). Disponível em: <http://documents.worldbank.org/curated/en/348241468329061640/The-foundations-of--financial-inclusion-understanding-ownership-and-use-of-formal-account>.

Os resultados do estudo da Plano CDE e do GVcemif permitem complementar essa análise: focando exclusivamente as classes CDE,[17] apenas 7% entre aqueles que têm contas bancárias as utilizam mais do que uma vez por mês.

Outro resultado interessante que pode ser encontrado nos dois estudos mencionados é o tamanho do fluxo de recursos em espécie dentro da economia em geral, com recorte por categorias profissionais, como retratado no gráfico seguinte.

GRÁFICO 3. **Recebimento em espécie por ocupação**

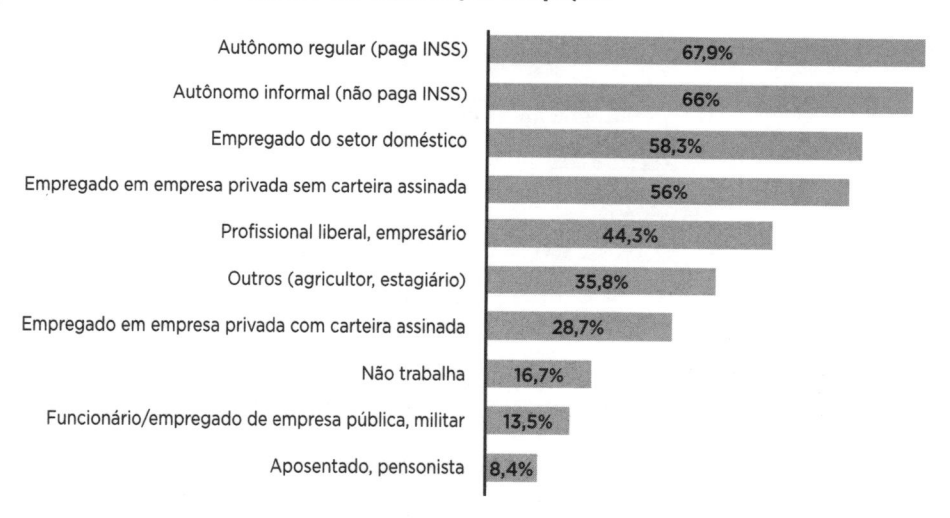

Ocupação	%
Autônomo regular (paga INSS)	67,9%
Autônomo informal (não paga INSS)	66%
Empregado do setor doméstico	58,3%
Empregado em empresa privada sem carteira assinada	56%
Profissional liberal, empresário	44,3%
Outros (agricultor, estagiário)	35,8%
Empregado em empresa privada com carteira assinada	28,7%
Não trabalha	16,7%
Funcionário/empregado de empresa pública, militar	13,5%
Aposentado, pensonista	8,4%

Fonte: Banco Central do Brasil.

Entre a população de baixa renda (classes CDE), parcela relevante da população que possui contas bancárias guarda/poupa em espécie. Os resultados do estudo da Plano CDE e do GVcemif vão além e salientam haver evidências de que, mesmo para um perfil (*cluster*) de usuários de baixa renda que se caracteriza por um melhor nível de conhecimento dos serviços financeiros, o montante de dinheiro em espécie mantido em casa é elevado. Ou seja, nesse exemplo, a conta bancária é percebida dotada de uma "serventia limitada", ensejando a necessidade de melhor adequação às necessidades dos usuários.

---

[17] O conceito utilizado para definição de classes em geral e das classes CDE em particular pode ser encontrado na introdução.

O gráfico seguinte reforça o argumento ressaltando a relação entre renda e uso das contas bancárias. A conclusão básica é que, para os mais pobres, a dimensão uso da inclusão financeira permanece "menos inclusiva". Para uma renda acima de 20 salários mínimos, 100% das pessoas utilizam a conta diariamente ou pelo menos uma vez por semana. Descendo à base da pirâmide, a situação muda drasticamente. Somente 23% daqueles com uma renda de até dois salários mínimos têm um nível semelhante de uso.

GRÁFICO 4. **Frequência de uso da conta bancária × renda**

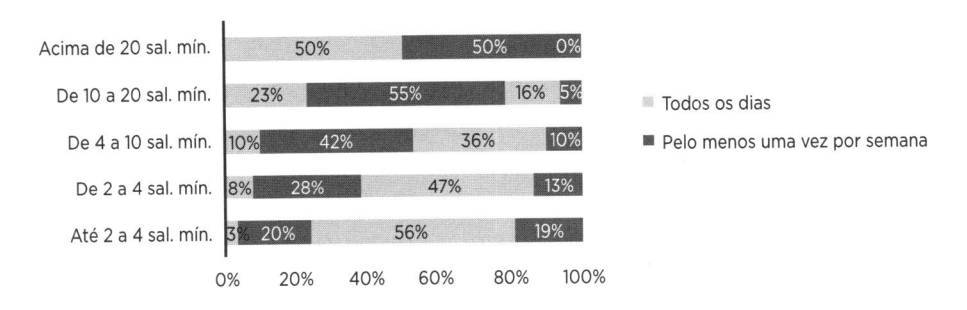

Faixa de renda	Todos os dias	Pelo menos uma vez por semana		
Acima de 20 sal. mín.	50%	50%		0%
De 10 a 20 sal. mín.	23%	55%	16%	5%
De 4 a 10 sal. mín.	10%	42%	36%	10%
De 2 a 4 sal. mín.	8%	28%	47%	13%
Até 2 a 4 sal. mín.	3%	20%	56%	19%

Fonte: Banco Central do Brasil.

Em relação aos meios de pagamento, as estatísticas evidenciam um forte aumento no uso. De fato, o recrudescimento da inflação nos anos 1980 e os aspectos de segurança, sobretudo a necessidade de evitar fraudes, ocasionaram pesados investimentos em inovação tecnológica ao longo do tempo, impulsionando os cartões a ocupar um espaço maior quando, posteriormente, a inflação foi domada.

Além disso, parcerias entre empresas de cartão e redes de varejo ampliaram a capacidade de angariar novos clientes das classes CDE para o mundo do dinheiro de plástico, e muitos desses clientes não eram bancarizados. Por exemplo, durante o ano de 2009, um importante banco brasileiro adquiriu uma das grandes empresas emissoras de cartões de crédito no mercado, ligada a uma rede de varejo, e constatou que cerca de 40% dos clientes da empresa adquirida não possuíam conta-corrente.[18]

---

[18] *Valor Econômico*, 21/8/2009. Opinião, "Inclusão Financeira".

As duas tabelas abaixo retratam, respectivamente, a evolução do número de transações realizadas com cartões e o número de cartões emitidos, separados em débito e crédito.

TABELA 6. **Quantidade de pagamentos com instrumentos outros que não dinheiro**

Pagamento	2010	2011	2012	2013	2014	Evolução 2010-2014
Cartões de crédito	3.314	3.836	4.473	5.020	5.367	61,9%
Cartões de débitos	2.948	3.508	4.129	4.908	5.627	90,8%
Cheques	1.675	1.590	1.439	1.304	1.171	-30,1%
Débito direto	3.585	4.135	4.358	5.083	5.686	58,6%
Transferências	7.711	8.443	9.074	9.623	10.749	39,4%

Notas:
1. Cheques: inclui cheques interbancários e intrabancários.
2. Transferências: inclui interbancários e intrabancários.
Fonte: Deban.

TABELA 7. **Número de cartões emitidos e ativos**

Pagamento	2010	2011	2012	2013	2014	Evolução 2010-2014
Cartões de débito emitidos (Milhares)	226.246	252.837	282.114	289.327	293.488	29,7%
Cartões de débito ativos (Milhares)	77.641	84.432	96.061	105.486	111.873	44,1%
Cartões de débito ativos Transações médias (R$)	68,2	66,1	64,3	63,0	61,4	-10%
Cartões de débito ativos/Adultos com relacionamento bancário ativo (%)	71,1%	74%	80%	83,8%	85,5%	19,2%
Cartões de crédito emitidos (Milhares)	161.358	150.502	149.601	157.228	157.936	-2,1%
Cartões de crédito ativos (Milhares)	81.676	76.948	75.123	78.914	83.713	2,5%
Cartões de crédito ativos Transações médias (R$)	122	119	112	108	105	-13,7%
Cartões de crédito ativos/Adultos com relacionamento bancário ativo (%)	75,5%	67,4%	62,5%	62,7%	64,%	-15,2%

Notas:
1. Foram excluídos os cartões de pessoas jurídicas.
2. O cálculo do valor médio anual considera apenas as transações domésticas.
3. Cartões de pessoas jurídicas foram excluídos para esse cálculo.
4. Para o cálculo do valor médio das transações, o deflator utilizado é o Índice Nacional de Preços ao Consumidor-Amplo (IPCA)-Série 433 (2014 = 1,00).
Fonte: BCB/CCS e Deban.

Embora a ampliação do uso do cartão como meio de pagamento traga benefícios concretos, como maior praticidade e segurança, disseminou-se no Brasil o uso do cartão como instrumento de crédito. Isso não seria um problema de grande envergadura não fosse a estratosférica taxa de juros praticada especificamente nessa modalidade. Adiante, voltaremos a esse assunto.

Crédito

A evolução dos saldos das operações de crédito do sistema financeiro nacional mostra uma nítida mudança de patamar ocorrida nas duas últimas décadas. Apesar da crise recente que castigou de maneira inédita a economia brasileira, o crédito total atingiu, em 2017, um valor correspondente a 47% do PIB. Ou seja, o dobro do ano de 1998 (23,5%). O gráfico seguinte permite visualizar a evolução dos números do crédito ao longo do período citado.

Considerando que estamos tratando de inclusão financeira, uma indagação óbvia seria se a expansão de crédito indicada atingiu a parcela mais pobre da população. Infelizmente, os dados de uso de crédito por faixa de renda, capazes de dar maior clareza a essa discussão, abrangem um horizonte temporal mais

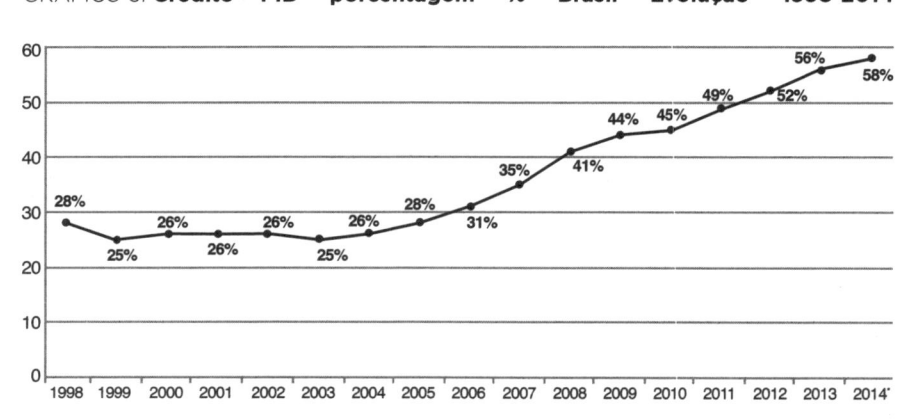

GRÁFICO 5. **Crédito × PIB — porcentagem — % — Brasil — Evolução — 1998-2014**

Ano	%
1998	28%
1999	25%
2000	26%
2001	26%
2002	26%
2003	25%
2004	26%
2005	28%
2006	31%
2007	35%
2008	41%
2009	44%
2010	45%
2011	49%
2012	52%
2013	56%
2014*	58%

Notas:
1. Todos os números dos anos arredondados matematicamente.
* 2014: estimativa em setembro/2014
Fonte: Banco Central do Brasil.

TABELA 8. **Saldo do crédito concedido pessoa física por faixa de renda — 2014**

Faixas de renda	Cartão de crédito			Consignado	Imobiliário	Veículos	Sem consignação	Rural	Demais
	À vista	Parcelado	Rotativo						
Até 3SM	9%	1%	3%	23%	31%	16%	6%	4%	7%
3-5SM	8%	1%	2%	22%	31%	19%	6%	5%	5%
5-10SM	8%	1%	2%	21%	34%	15%	7%	7%	6%
Acima de 10SM	7%	0%	1%	10%	31%	7%	7%	28%	8%

Fonte: BCB (2015).

curto. Entretanto, diversas modalidades de crédito que tiveram uma expansão acelerada nos últimos anos, caso do crédito imobiliário[19] e do crédito consignado, chegaram às classes CDE, conforme se observa pela tabela 8.

Precisamos relembrar o que foi dito anteriormente sobre a grande expansão da indústria de cartões, tanto em número de transações quanto em volume de recursos movimentados. Combinando isso com o fato de que boa parte do crédito através dos cartões atende a população de menor renda, é possível vislumbrar o aumento relevante do volume total de crédito utilizado pelas classes CDE. Outra forma de perceber esse aumento é por meio do crédito imobiliário, cujo volume há 20 anos era bastante menor do que aquele do período recente, bastante turbinado pelo programa Minha Casa Minha Vida.

Vale ainda citar as operações de microcrédito, justamente aquelas voltadas integralmente para a população de baixa renda. O BCB disponibiliza os dados relativos aos saldos das operações de microcrédito a partir de 2007.[20] Do início da série (2007) até 2014, o crescimento médio anual foi superior a 25%. Obviamente, como os volumes iniciais eram reduzidos, parte da

---

[19] Sobre os números específicos do crédito imobiliário no Brasil, ver capítulo sobre habitação.
[20] Vale lembrar que existem diversas definições de microcrédito e os números do BCB referem-se à definição adotada por ele. O detalhamento da definição do BCB pode ser encontrado em: <www.bcb.gov.br/Nor/relincfin/SerieCidadania_1panorama_micro.pdf>.

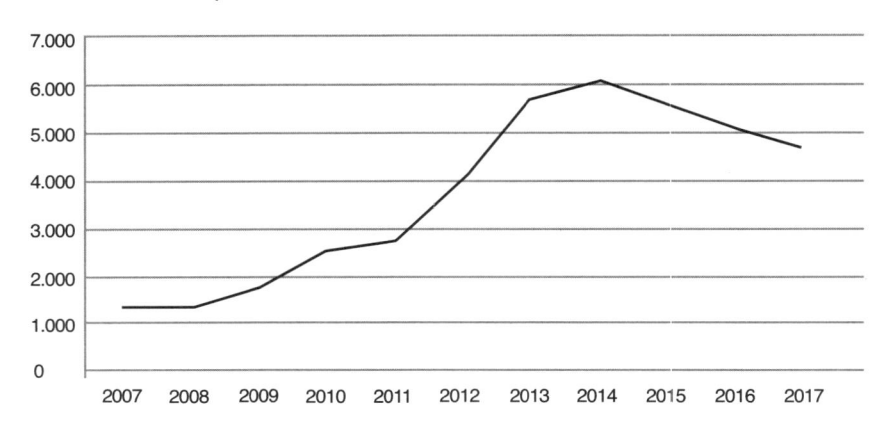

GRÁFICO 6. **Evolução do volume de microcréditos (R$ milhões)**

[Gráfico de linha mostrando a evolução de 2007 a 2017, com valores iniciando próximos a 1.000 em 2007-2008, crescendo gradualmente até atingir pico acima de 6.000 em 2014, e declinando para cerca de 4.800 em 2017.]

Fonte: BCB.

explicação do crescimento elevado é meramente aritmética. Como era de esperar, com a eclosão da crise econômica e política, os volumes caem, mas o patamar é claramente superior se comparado a 2007.

Como no caso brasileiro, o Banco do Nordeste, por meio dos programas Crediamigo e Agroamigo, responde por mais da metade da carteira de microcrédito, a evolução desses programas ilustra bem a própria trajetória do microcrédito, fato a ser retomado na seção seguinte. A despeito da crise recente, a queda no número de clientes e na carteira ativa do Crediamigo foi reduzida. Obviamente, precisamos lembrar que o volume relativo das operações de microcrédito permanece pequeno e estima-se que cerca de 50% do mercado potencial são atualmente atendidos.[21]

Outro ator que merece ser mencionado são as cooperativas de crédito, que suprem a falta de crédito e produtos financeiros de parte significativa da população brasileira, em especial em regiões nas quais a presença dos bancos tradicionais é reduzida. Os números atestam um crescimento significativo das cooperativas, como ilustrado na tabela 9. Ademais, parcela significativa

---

[21] Uma discussão sobre a situação atual e cenários prováveis para o microcrédito pode ser encontrada em: <www.rae.fgv.br/gv-executivo/vol16-num3-2017/caminhos-para-inclusao--financeira>.

GRÁFICO 7 e GRÁFICO 8. **Crediamigo — carteira / Carteira de empréstimos (R$ milhões)**

■ CLIENTES ATIVOS EM MIL
Jan. 2018

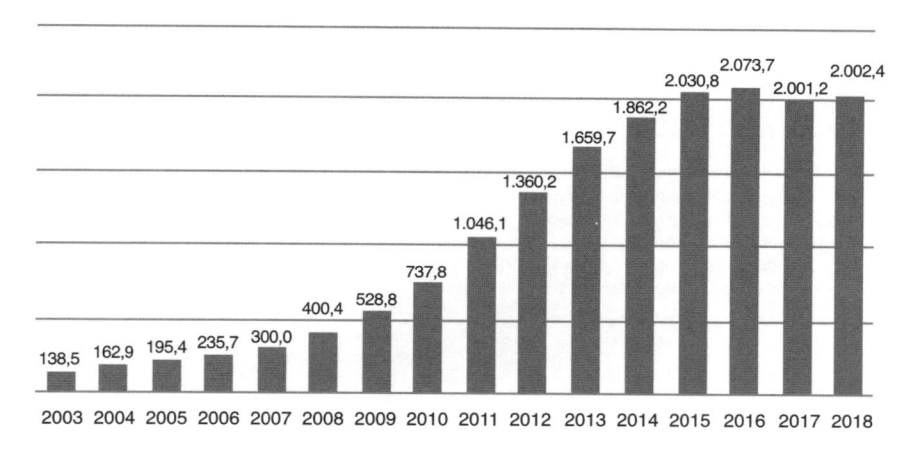

Ano	Clientes ativos (mil)
2003	138,5
2004	162,9
2005	195,4
2006	235,7
2007	300,0
2008	400,4
2009	528,8
2010	737,8
2011	1.046,1
2012	1.360,2
2013	1.659,7
2014	1.862,2
2015	2.030,8
2016	2.073,7
2017	2.001,2
2018	2.002,4

■ CARTEIRA DE EMPRÉSTIMOS (R$ EM MILHÕES)
Jan. 2018

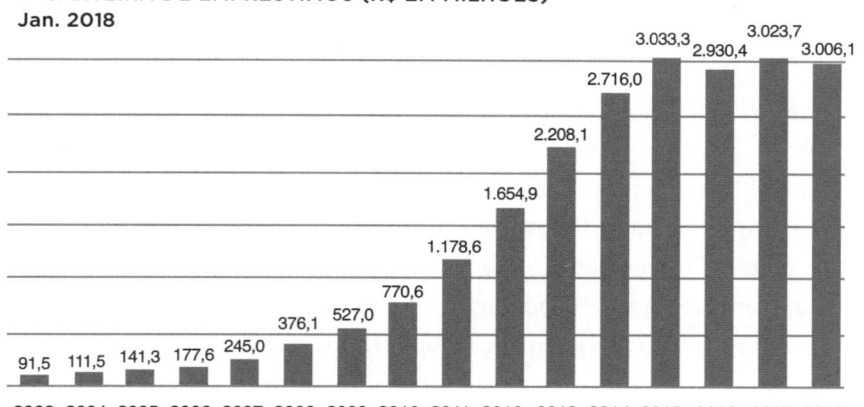

Ano	Carteira (R$ milhões)
2003	91,5
2004	111,5
2005	141,3
2006	177,6
2007	245,0
2008	376,1
2009	527,0
2010	770,6
2011	1.178,6
2012	1.654,9
2013	2.208,1
2014	2.716,0
2015	3.033,3
2016	2.930,4
2017	3.023,7
2018	3.006,1

Fonte: Banco do Nordeste do Brasil.

TABELA 9. **Participação das operações de crédito do segmento cooperativo no Sistema Financeiro Nacional**

R$ bilhões	2010	2011	2012	2013	2014	Evolução 2010-2014 %
Volume crédito PF no SFN	775,8	920,3	1.074,1	1.245,8	1.412,1	82%
Volume crédito PF do segmento cooperativo	22,4	27,3	33,3	40,1	46,0	105%
Participação cooperativas	2,9%	3,0%	3,1%	3,2%	3,3%	n.a.

1. Considera o crédito concedido a pessoas físicas por cooperativas singulares.
2. O volume de crédito a pessoas físicas corresponde ao somatório do saldo devedor dos contratos de crédito em final de mês, realizadas pelas associações de poupança e empréstimo, bancos comerciais, bancos de câmbio, bancos de desenvolvimento, bancos de investimento, bancos múltiplos, caixas econômicas, companhias hipotecárias, sociedades de arrendamento mercantil, sociedades de crédito, financiamento e investimento e sociedades de crédito imobiliário.

Fontes: BCB/SGS (série 20.541) e SCR.

dos empréstimos realizados pelas cooperativas envolve montantes relativamente pequenos, em geral direcionados para tomadores de baixa renda.[22]

Qualidade

Das três dimensões da inclusão financeira — acesso, uso e qualidade —, esta última é, sem dúvida, aquela sobre a qual há menos informação disponível,[23] sendo mais complexa tanto em termos de definição conceitual quanto em termos de variáveis que capturem adequadamente o que se deseja medir. Como o uso, a qualidade envolve ir aos detalhes da demanda, ou seja, compreender adequadamente as preferências da população de baixa renda no tocante aos serviços financeiros tradicionais. Porém, é necessário ir além do uso *per se*, incorporando preço, desenho de produto, canal uti-

---

[22] Existe uma discussão sobre o papel já desempenhado pelas cooperativas no microcrédito. Ver: <www.asbaweb.org/E-News/enews-36/CONTR/2%20Contrib.pdf>.
[23] A evolução do conteúdo e dos dados apresentados pelos três Relatórios de Inclusão Financeira do Banco Central mostra um caminho que começa com o acesso, adiciona o uso e, por fim, a qualidade. Essa sequência faz sentido e tem a ver justamente com a preponderância de dados de acesso, focados na oferta de serviços.

lizado para distribuição, mecanismos de proteção e resolução de conflitos etc. Do ponto de vista de coleta de dados, operacionalizar a dimensão qualidade deveria envolver dados de mercado, questionários (*surveys*), grupos focais e entrevistas em profundidade. Tudo isso complementado por dados de acesso e uso que em geral são coletados periodicamente.

Como dissemos anteriormente, além dos três relatórios de inclusão financeira, o BCB realizou uma pesquisa destinada exclusivamente às dimensões uso e qualidade dos serviços financeiros.[24] A pesquisa traz uma fotografia (ano de 2014) muito útil, mas não trata da evolução da qualidade. São apresentados dados relativos à satisfação com as contas bancárias, crédito e canais para resolução de conflitos. Em todos os casos, os resultados mostram um grau de satisfação geral alto com os serviços.

Alguns resultados surpreendem, como o elevado nível de satisfação dos clientes de cartões de crédito que deixaram de pagar suas faturas, tendo em vista o montante extraordinário de juros com o qual provavelmente arcaram. Foge ainda do esperado a elevada proporção de clientes que afirma ler o contrato dos diversos produtos financeiros utilizados. Certamente, novos estudos podem não somente contribuir para elucidar eventuais dúvidas como para formar um histórico que permita uma visão da evolução dos dados.

GRÁFICO 9. **Nível de satisfação com a conta pela renda e escolaridade: satisfação × renda**

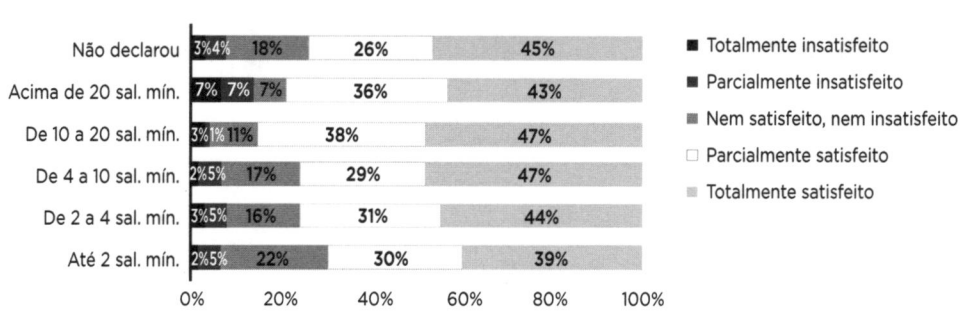

Faixa de renda	Totalmente insatisfeito	Parcialmente insatisfeito	Nem satisfeito, nem insatisfeito	Parcialmente satisfeito	Totalmente satisfeito
Não declarou	3%	4%	18%	26%	45%
Acima de 20 sal. mín.	7%	7%	7%	36%	43%
De 10 a 20 sal. mín.	3%	1%	11%	38%	47%
De 4 a 10 sal. mín.	2%	5%	17%	29%	47%
De 2 a 4 sal. mín.	3%	5%	16%	31%	44%
Até 2 sal. mín.	2%	5%	22%	30%	39%

Fonte: Série Cidadania Financeira: estudos sobre educação, proteção e inclusão/ Banco Central do Brasil.

---

[24] Ver nota 15.

GRÁFICO 10. **Nível de satisfação com a conta pela renda e escolaridade: satisfação × escolaridade**

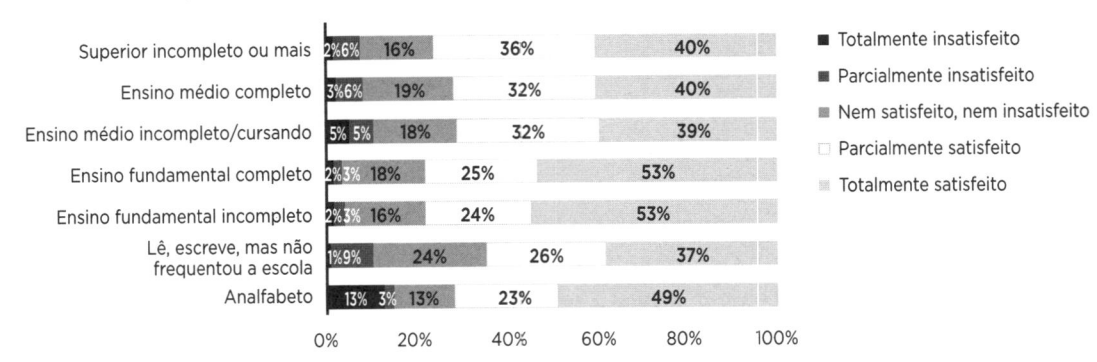

Escolaridade	Totalmente insatisfeito	Parcialmente insatisfeito	Nem satisfeito, nem insatisfeito	Parcialmente satisfeito	Totalmente satisfeito
Superior incompleto ou mais	2%	6%	16%	36%	40%
Ensino médio completo	3%	6%	19%	32%	40%
Ensino médio incompleto/cursando	5%	5%	18%	32%	39%
Ensino fundamental completo	2%	3%	18%	25%	53%
Ensino fundamental incompleto	2%	3%	16%	24%	53%
Lê, escreve, mas não frequentou a escola	1%	9%	24%	26%	37%
Analfabeto	13%	3%	13%	23%	49%

Fonte: Série Cidadania Financeira: estudos sobre educação, proteção e inclusão/ Banco Central do Brasil.

GRÁFICO 11. **Satisfação com o uso do cartão de crédito**

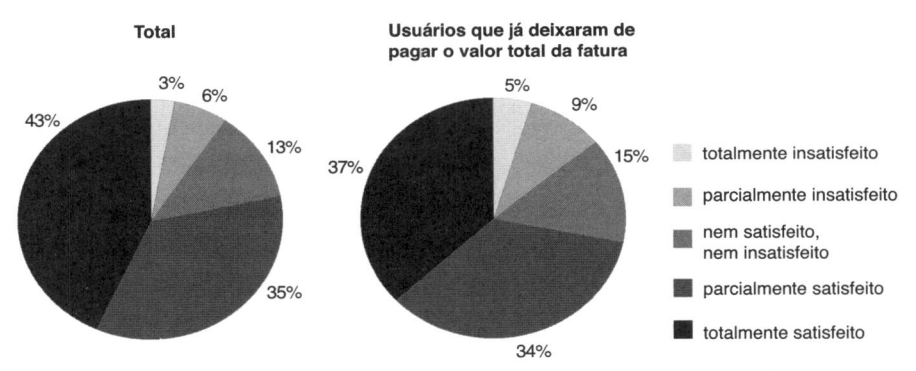

Total
- totalmente insatisfeito: 3%
- parcialmente insatisfeito: 6%
- nem satisfeito, nem insatisfeito: 13%
- parcialmente satisfeito: 35%
- totalmente satisfeito: 43%

Usuários que já deixaram de pagar o valor total da fatura
- totalmente insatisfeito: 5%
- parcialmente insatisfeito: 9%
- nem satisfeito, nem insatisfeito: 15%
- parcialmente satisfeito: 34%
- totalmente satisfeito: 37%

Fonte: Série Cidadania Financeira: estudos sobre educação, proteção e inclusão/ Banco Central do Brasil.

De fato, a complexidade da dimensão qualidade permite utilizar um leque de variáveis que complementaria as "respostas diretas" dadas pelos clientes. Para ilustrar, podemos usar como exemplo uma operação de crédito. Digamos que uma pessoa de baixa renda tomou um empréstimo em um correspondente bancário que se situa bastante próximo a sua residência e ao qual essa pessoa costuma ir com frequência a fim de comprar produtos de uso doméstico. Após ter liquidado os pagamentos devidos, essa pessoa contraiu um segundo empréstimo no mesmo local e exatamente sob as mesmas condições, ou seja, montantes, prazo e taxa de juros se mantiveram constantes.

O acesso parece razoável, considerando a proximidade do canal de distribuição, e o produto ofertado (crédito) foi ativamente utilizado. Suponhamos agora que a taxa de juros real nos empréstimos foi 150% ao ano. Será que, do ponto de vista do tomador de crédito, podemos afirmar que a qualidade do acesso e uso desse crédito foi adequada? Parece razoável a taxa de juros? Obviamente, poderíamos acrescentar outras informações, tais como a finalidade do crédito ou ainda o risco de inadimplência. Mesmo assim, permaneceria difícil reconciliar juros tão elevados com o objetivo de inclusão da população de baixa renda.[25] Seria possível argumentar que as taxas de juros de mercado, ou seja, que não envolvam subsídios, poderiam ser uma medida da qualidade para o tomador. Talvez ainda o grau de concentração entre as instituições que ofertam crédito pudesse ser igualmente uma das *proxies* para a dimensão qualidade.

De fato, do ponto de vista microeconômico, a concorrência entre os bancos tende a contribuir para aumentar a qualidade dos serviços. Nesse sentido, índices tradicionalmente utilizados para analisar graus de concentração de mercado poderiam enriquecer a discussão. A tabela 10 mostra as participações de mercado (*market share*) das quatro e das oito maiores instituições, denominadas CR4 e CR8, para total de ativos, depósitos, crédito. Já o índice Herfindahl, Hirchman Index (HHI) busca incluir as demais empresas que atuam no mercado. Quanto menor o número, maior a concorrência.[26] O departamento de justiça americano considera que mercados de maior concorrência devem apresentar HHI inferior a 1 mil.[27]

---

[25] Um bom exemplo dessa discussão é a trajetória do Compartamos, no México. Inicialmente uma instituição de microfinanças sem finalidade de lucro, o Compartamos se transformou em banco comercial e depois abriu capital (IPO) na bolsa do México e na de Nova York. Ver discussão sobre a polêmica envolvendo os juros e lucros em: <www.cgap.org/publications/cgap-reflections-compartamos-initial-public-offering>.
[26] Para o cálculo do HHI, as participações individuais são elevadas ao quadrado e somadas. Assim, se houver uma única empresa no mercado, o HHI será 10 mil (100% ao quadrado). A análise deve levar em conta também a chamada contestabilidade do mercado em questão. Uma posição dominante não é necessariamente uma infração, mas sim o uso abusivo da mesma.
[27] Alguns detalhes e exemplos podem ser encontrados em: <www.justice.gov/atr/herfindahl--hirschman-index>.

Portanto, os dados salientam ter havido um aumento de concentração de mercado, cujos efeitos sobre a qualidade da inclusão financeira precisam ser mais bem compreendidos, mas que, *a priori*, tendem a ser negativos para os usuários. No momento em que este capítulo está sendo escrito, dados atualizados mostram que os quatro maiores bancos do país detêm cerca de 76% das operações de crédito. Voltaremos a essa questão logo adiante, quando abordarmos os porquês das transformações descritas até aqui.

TABELA 10. **Evolução da concentração bancária**

	Ativo	Depósito	Crédito
Ano: 2000			
CR4	51,7%	51,3%	52,9%
CR8	67,0%	67,9%	67,9%
HHI	838,6	841,5	870,9
Ano: 2007			
CR4	53,2%	54,9%	53,4%
CR8	73,4%	74,7%	75,5%
HHI	861,1	917,7	930,5
Ano: 2013			
CR4	69,4%	70,9%	71,4%
CR8	85,3%	86,5%	86,7%
HHI	1.338	1.386,7	1.441,7

Fonte: Elaboração própria com dados do Banco Central do Brasil.

2. Por que mudou?

Nessa parte do capítulo analisaremos brevemente as mudanças anteriormente descritas. Nosso objetivo não é adentrar discussões de causalidades específicas, geralmente feitas por meio de modelagem econométrica, e nem apresentar de maneira exaustiva os acontecimentos relevantes. Queremos, por outro lado, a partir de diversas pesquisas e estudos disponíveis, apresentar um quadro geral que contenha os grandes marcos que detonaram as mudanças.

A trajetória dos correspondentes bancários

A distribuição de serviços financeiros à população de baixa renda demanda canais alternativos às agências bancárias. Elas geralmente se situam nas regiões de maior poder aquisitivo, o que exclui, sobretudo, as periferias das grandes cidades e as zonas rurais. Uma inovação brasileira, os correspondentes bancários, contribuiu para mitigar esse problema. Em 2000, os dados disponíveis mostravam que cerca de 1.600 municípios brasileiros, por volta de 30% do total, não tinham acesso a serviços financeiros. No ano de 2003, virtualmente todos os municípios passaram a ter acesso.[28] As origens do modelo dos correspondentes na sua versão atual remete ao final da década de 1990, com algumas medidas regulatórias que visavam a expansão do programa Bolsa Escola, por muitos considerado o precursor do Bolsa Família, notadamente no que diz respeito à logística de pagamento do benefício.

As medidas permitiram à Caixa Econômica Federal utilizar sua interligação com a rede de lotéricas para o pagamento desse benefício em um número muito maior de localidades. Paralelamente, aproveitando a brecha criada por essa nova regulamentação, redes arrecadadoras de contas no Nordeste, região com baixa cobertura de atendimento bancário, integraram-se aos bancos tradicionais via sistemas de terminais eletrônicos, transformando farmácias, pequenos mercados e outros pontos varejistas em pontos de serviço bancário. Estava criado o atual modelo dos correspondentes.[29] O gráfico 12 mostra a evolução dos correspondentes e das dependências bancárias (agências e postos de atendimento).

Em 2003, ocorreu uma mudança regulatória (Resolução nº 3.110 do CMN) que impulsionou o número de correspondentes: a permissão do subestabelecimento. Na prática, isso possibilitou à parte contratada nomear um substituto na execução dos serviços objeto do contrato, ao invés de executá-los ela própria. No caso de um contrato de correspondente ban-

---

[28] Para uma discussão sobre o modelo dos correspondentes e sua expansão, ver Diniz, Pozzebon e Jayo (2014).
[29] Um histórico do modelo de correspondentes e seus antecedentes pode ser encontrado na seção 6.1 da tese de doutorado de Martin Jayo. Disponível em: <https://bibliotecadigital.fgv.br/dspace/bitstream/handle/10438/8108/71060100670.pdf>.

GRÁFICO 12. **Evolução do número de dependências e correspondentes — 2000 a 2015**

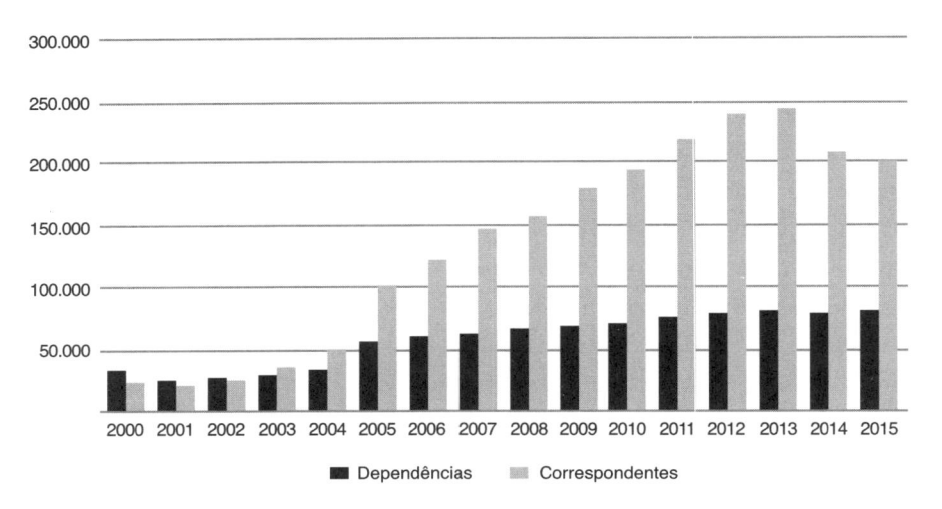

Fonte: Elaboração própria com dados do Banco Central do Brasil.

cário, uma empresa poderia assinar um "contrato guarda-chuva" de correspondência com um banco e transferir a função de correspondente para outros estabelecimentos selecionados. Isso abriu possibilidade de novos modelos de negócio e inúmeras empresas passaram a atuar na prospecção e contratação de pequenos estabelecimentos Brasil afora.[30]

Um pouco adiante, no período 2006-13, dois fatores inter-relacionados impulsionaram o crescimento dos correspondentes. O primeiro foi o uso do canal correspondente como forma de bancarizar novos clientes, muitos deles favorecidos pelo crescimento da economia, no contexto do surgimento da "nova classe média".[31] O segundo fator foi a busca por ganhos de eficiência e redução de custos, uma vez que nem sempre é economicamente viável a oferta de serviços financeiros por meio de agências tradicionais.[32]

---

[30] Naquele momento, começaram a surgir os chamados gestores de rede, objeto principal do trabalho de Jayo, mencionado na nota anterior.
[31] Não trataremos aqui do espinhoso tema envolvendo a definição da "nova classe média". Para uma discussão específica, ver o livro de Marcelo Neri (2011).
[32] Para uma discussão em maior detalhe, utilizando dados georreferenciados, ver: <www.redlas.net/materiali/priloge/slo/redlas050916_inclusao_financeira_correto.pdf>.

Salto no crédito imobiliário

No capítulo sobre habitação, apresentamos a dinâmica de evolução do crédito imobiliário e sua relação com as condições de moradia. Mas qual seria a relação entre a inclusão financeira e suas componentes — acesso, uso e qualidade — e o crédito imobiliário?

Sob a ótica das famílias ou dos consumidores, são diversas as modalidades de crédito no mercado. E, conforme vimos nas seções anteriores, os volumes da maior parte delas aumentou consideravelmente nos últimos anos. Isso posto, podemos pensar na importância da composição dos passivos de crédito das famílias, ou seja, quanto elas devem sob forma de crédito pessoal, cartão de crédito, consignado etc. Será que essa composição importa para uma discussão sobre o caminho tomado pela inclusão financeira?

A resposta é positiva. Importa sobretudo para a dimensão qualidade da inclusão financeira. Daí chegamos ao crédito imobiliário e sua participação na vida das pessoas mais pobres. Os números do BCB mostram que essa modalidade de crédito é a de maior relevância (31% do total de crédito) para as famílias de renda até três salários mínimos.[33] Uma maior relevância do crédito imobiliário denota uma maior qualidade de inclusão financeira *vis-à-vis*, por exemplo, uma situação de preponderância de modalidades de crédito voltado para consumo.

Como dissemos no capítulo sobre habitação, o crédito imobiliário ocupa um lugar nobre entre as modalidades. Ao tornar possível a aquisição da casa própria, essa modalidade de crédito acaba se revelando decisiva para o processo de acumulação de capital das famílias, com potenciais efeitos sobre bem-estar e qualidade de vida — além do fato de as taxas de juros cobradas[34] e a inadimplência serem, em geral, menores do que as verificadas em diversas outras modalidades.

---

[33] Na verdade, a expansão do crédito imobiliário ocorreu em todas as faixas de renda, conforme tabela 3.3.1 do BCB (2015). Disponível em: <www.bcb.gov.br/Nor/relincfin/RIF2015.pdf>.

[34] Vale relembrar que argumentamos em seção anterior que as taxas de juros guardam relação com a dimensão qualidade, daí porque é importante fomentar a concorrência no mercado de serviços financeiros. Obviamente, isso não implica afirmar que um produto com taxa de juros relativamente reduzida será necessariamente melhor do ponto de vista de qualidade.

Vale recuperar rapidamente os fatores principais associados à trajetória do crédito imobiliário para a população de baixa renda. Dos anos 1990, não podemos esquecer que o êxito no controle inflacionário conferiu maior normalidade e segurança às decisões de longo prazo, o que teve efeitos favoráveis, tanto pelo lado da oferta de financiamento quanto pelo da demanda, nas decisões de investimento habitacional das famílias. Em 1997, foi criado o Sistema de Financiamento Imobiliário (SFI), que buscava ampliar as soluções de mercado para o financiamento habitacional, com destaque para criação e incentivo ao uso de instrumentos de securitização e introdução do mecanismo de alienação fiduciária dos imóveis.[35]

Dando um salto no tempo, a criação do programa Minha Casa Minha Vida (MCMV), a despeito das críticas e da necessidade de aperfeiçoamento, deu um impulso histórico ao volume de crédito imobiliário voltado para a população de baixa renda.[36] Portanto, a mudança no patamar dessa modalidade de crédito decorre de diversos fatores espalhados ao longo do contexto dos últimos 20 anos.

Microcrédito e atuação do Banco do Nordeste

O Banco do Nordeste do Brasil (BNB) é um banco de desenvolvimento regional fundado em 1954 e inicialmente voltado para os financiamentos à agricultura. Em 1998, o BNB criou o programa Crediamigo, voltado para oferta de microcrédito na região Nordeste, com foco nas áreas urbanas.[37] Vimos os números relativos ao Crediamigo na seção anterior. São praticamente 2,1 milhões de clientes ativos atualmente. Como em várias outras iniciativas de microfinanças, há uma curva de aprendizado importante que faz com que os primeiros anos de existência sejam especialmente desafiadores.

No caso do Crediamigo, havia o desafio adicional de inovar em uma estrutura de governança típica de bancos estatais. Empréstimos em grupo e uso de agentes de crédito, inovações já descritas, têm uma implemen-

---

[35] Para mais detalhamento, ver capítulo sobre habitação.
[36] Idem anterior para uma discussão sobre o Minha Casa Minha Vida.
[37] O livro de Marcelo Neri (2008) traz detalhes sobre a atuação do BNB.

tação bastante complexa, com reflexo sobre as taxas de inadimplência, geralmente mais altas na expansão inicial dos programas de microcrédito. Assim, os anos iniciais do Crediamigo, no final da década de 1990, foram fundamentais para a consolidação da operação.

Em 2005, o BNB criou o Agroamigo, voltado para o microcrédito rural. O programa atende hoje 1,5 milhão de agricultores familiares, quase todos cadastrados no Programa Nacional de Agricultura Familiar (Pronaf). À semelhança do Crediamigo, o programa utiliza agentes de crédito com formação técnica na área de agropecuária.[38]

Devemos acrescentar que, no quesito formação de agentes de crédito, o investimento feito pelo BNB foi importante para formar contingentes de pessoas que passaram a fazer parte de outras instituições de microcrédito, sobretudo na região Nordeste. Uma externalidade positiva, podemos dizer. Em suma, a despeito de críticas relacionadas com o uso de subsídio e com a necessidade de maior transparência na prestação de contas, o BNB contribuiu para a formação de uma indústria de microfinanças no Nordeste brasileiro.[39]

Mudanças regulatórias nos meios de pagamento

Os meios de pagamento historicamente ocuparam um lugar mais discreto dentro da agenda de pesquisa das microfinanças, cujo foco se voltou inicialmente para o microcrédito e o microsseguro. Um ponto de inflexão foram os estudos sobre correspondentes bancários, que salientavam a importância desse canal para o pagamento do Bolsa Família e destacavam a importância do desenvolvimento dos meios de pagamento digitais como forma de reduzir custos de transação, sobretudo para a população de baixa renda, e oferecer uma porta de entrada para outros serviços bancários.

Como já descrito, o uso de cartões de crédito e débito se ampliou muito entre a população de menor renda, trazendo maior flexibilidade, conveniência, segurança etc. Entretanto, as desvantagens desse uso parecem pesar

---

[38] Uma discussão sobre o funcionamento do Agroamigo e sua inserção nas microfinanças pode ser encontrada em: <www.scielo.br/pdf/rae/v55n4/0034-7590-rae-55-04-0397.pdf>.
[39] Para uma discussão sobre a importância de construção de uma indústria de microfinanças, ver o capítulo 8 do livro de Daniel Roodman (2012).

mais na balança dos mais pobres, principalmente o incentivo ao descontrole orçamentário e ao sobre-endividamento.

Movimentos recentes de mercado, assim como da regulação, têm ampliado o número de concorrentes de mercados, impulsionando a inovação e o desenvolvimento de novos produtos, com efeitos potenciais de reduzir os custos dos clientes, tanto comerciantes quanto consumidores. Em suma, acreditamos ter havido certo desequilíbrio no "contrato implícito" entre algumas empresas de cartão e o restante da sociedade, com favorecimento das primeiras.[40] A dinâmica recente promete para o futuro próximo uma situação de maior equilíbrio nesse contrato.

Nesse sentido, algumas mudanças regulatórias ocorridas a partir de 2010 foram bastante positivas para a ampliação da inclusão financeira, sobretudo nas dimensões uso e qualidade.[41] Em julho de 2010, o BC extinguiu a exclusividade existente entre bandeiras de cartões e redes credenciadoras, também conhecidas no mercado como adquirentes, com efeitos práticos sobre a interoperabilidade nas transações. Ou seja, não seria mais necessário para os comerciante a contratação de várias "maquininhas de cartão" (POS) para o recebimento de compras efetuadas com cartões de diferentes bandeiras. É fácil imaginar que essa situação beneficiava as empresas em detrimento de comerciantes e consumidores, sobretudo os de menor renda.

Outra alteração importante aconteceu em novembro de 2013, quando o BCB regulamentou a Lei nº 12.865, que tratou da autorização das novas instituições e arranjos de pagamento. Sabemos que o conservadorismo das autoridades reguladoras do sistema financeiro, em especial dos bancos centrais, acaba sendo uma forma de proteger os depositantes e manter a higidez do sistema financeiro. Entretanto, com o advento de novas tecnologias, as fronteiras que delimitavam as atividades tipicamente bancárias se enfraqueceram. E isso pode ser usado em prol da inclusão financeira. Convenhamos, qual a necessidade de tantos inter-

---

[40] A ideia de contrato implícito entre as empresas e a sociedade, bem como seus potenciais desequilíbrios, é discutida em: <www.economist.com/node/4008642>.
[41] As mudanças aqui descritas se baseiam no artigo de Adrian Cernev (2017). Disponível em: <http://rae.fgv.br/sites/rae.fgv.br/files/gv_v16n2_ce7.pdf>.

mediários para realizar um pagamento entre duas partes que tenham acesso à tecnologia móvel?

Assim, depois de mais de 200 anos de existência[42] do sistema bancário brasileiro, admite-se que uma instituição não bancária possa prestar serviço nesse mercado, como a abertura de contas e manutenção de depósitos à vista. Além de conferir mais eficiência ao sistema atual, o BCB busca fomentar a concorrência por meio de novos modelos de negócio que se valem das tecnologias de ponta disponíveis.

Podemos dizer que foi dada a largada desse movimento no Brasil. As mudanças regulatórias colocaram novos atores sob os holofotes, as *fintech*. Acrônimo para Financial Technologies, o termo *fintech* vem sendo utilizado para denominar novos modelos de negócio em serviços financeiros que se apoiam no uso intensivo de plataformas tecnológicas. O aperfeiçoamento do marco regulatório, a disponibilidade de tecnologia e as oportunidades de explorar espaços pouco atendidos pelos bancos tradicionais provocaram uma explosão no número de *fintechs*. Em fevereiro de 2017, o FintechLab, que monitora as iniciativas neste mercado, contabilizava 247 iniciativas em 10 categorias diferentes de serviços.[43]

Precisamos, entretanto, manter o comedimento. Primeiramente, do ponto de vista de volume relativo, as *fintech* brasileiras representam pouca água em meio ao oceano do sistema financeiro tradicional. Contudo, acreditamos que esse volume é suficiente para formar uma onda transformadora para o setor como um todo. Em segundo lugar, é evidente que nem todas as *fintechs* têm como objetivo contribuir para a expansão da inclusão financeira. Recentemente propusemos o conceito de *fintech* social, cuja lógica de atuação deve ser diferente daquela das *fintechs* em geral. De toda forma, desde o tempo da expansão das instituições de microfinanças, sabemos que reconciliar lucro e finalidade social não é trivial. Parafraseando um conhecido artigo de microfinanças[44] já citado anteriormente, estamos diante da promessa das *fintechs*.

---

[42] Idem anterior.
[43] A lista completa das *fintechs*, tipo de serviço oferecido, pode ser obtida em: <www.fintech.com.br>.
[44] Ver nota 2, deste capítulo.

3. Os efeitos na vida das famílias — casos de campo

Os relatos a seguir mostram diversas situações nas quais os serviços financeiros afetam a vida de pessoas das classes CDE. Procuramos retratar situações que permitissem enxergar além dos números das diversas tabelas e gráficos apresentados, e mostrassem de que forma os serviços financeiros e as dimensões acesso, uso e qualidade se materializam no cotidiano.

Caso 1: Bancarização como apoio para a gestão financeira e poupança,
Gerson, 39 anos

Gerson tem 39 anos e mora em uma casa própria no bairro de Campo Limpo, zona sul da cidade de São Paulo. Tem dois filhos, de dois e nove anos, que moram com sua ex-esposa em uma casa alugada próxima à sua residência. Recém-divorciado, está enfrentando as dificuldades de morar sozinho, mas sente que "tem aprendido muito" neste período: "hoje em dia eu sei a falta que faz uma mulher na casa, tem coisa que a gente poderia e deveria fazer, mas não faz porque acha que aquilo é obrigação da mulher, mas não é, você tem que fazer".

Ele trabalha como pedreiro autônomo de segunda a sexta-feira e aos finais de semana costuma ficar em casa "arrumando as coisas", realizando tarefas domésticas em geral. Também costuma levar os filhos ao shopping e ao cinema, momentos em que pode participar mais ativamente da criação deles.

Gerson teve uma vida parecida com milhares de nordestinos que migraram para São Paulo: nascido na Bahia, foi para o Sudeste para tentar uma vida melhor. Segundo ele, sua infância foi feliz, mas muito simples. Morador de uma área rural, aos cinco anos já trabalhava na roça para ajudar no sustento da família. Da infância, lembra das brincadeiras na beira da lagoa e na lama com os irmãos, do cuidado com os animais e com a roça. Diz que "foi uma época boa", mas ressalta as dificuldades que passava, "era uma vida muito sofrida". Acabou seguindo os passos de seu pai, que migrava periodicamente para "fazer dinheiro" e assim, aos 19 anos, migrou para São Paulo. Com o trabalho, parou de estudar na oitava série, mas conseguiu concluir o ensino médio no EJA, já quando morava na capital paulista. Hoje não pensa mais em voltar e considera a cidade atual sua verdadeira casa, já que "lá na minha terra não tive oportunidade nenhuma, só em São Paulo que tive oportunidade. Gosto de ir na minha terra pra visitar a família só".

Seu primeiro emprego em São Paulo foi como ajudante de pedreiro em uma empresa de construção, sendo logo promovido para pedreiro. Após cinco anos trabalhando nesse lugar, acabou pedindo demissão e voltou para a Bahia. Durante alguns anos alternou idas e vindas entre os dois estados até que voltou de vez a São Paulo em 2006, se estabelecendo no bairro do Campo Limpo, onde mora até hoje. Nessa época, já casado e com a primeira filha, trabalhou no mesmo ramo até o fim do contrato da obra em 2010. Desde então tem se dedicado ao ofício de pedreiro autônomo, atividade que realiza com a ajuda de um sócio.

Ambos os sócios têm como objetivo, no curto prazo, a abertura de uma conta pessoa jurídica e a formalização do negócio na categoria Microempreendedor Individual (MEI). Eles enxergam na formalização a vantagem de pagar menos imposto, ter acesso à Previdência Pública e a financiamento de imóveis, um dos caminhos para conquistar o sonho da casa própria.

De fato, um dos planos de Gerson é sair da favela e comprar um imóvel "particular", que é como são chamados os imóveis regularizados que estão localizados nas áreas mais nobres do bairro. Apesar de já ter casa própria, considera que o bairro não é um bom lugar para se viver e gostaria de mudar para dar mais segurança aos filhos: "nem meus vizinhos não conheço direito, é tudo tranqueira, o da frente é traficante. São todos gente boa, não mexem com ninguém, mas você convive, né? A minha esposa acabou tirando os meninos daqui e não precisa conviver mais".

A história de conquista de sua casa atual é interessante e bastante ilustrativa da forma como parte da população CDE gerencia sua renda.[45] Após migrar definitivamente para São Paulo, Gerson e a esposa moraram durante 11 meses em uma casa de aluguel, mas achava que aluguel não compensa. Por isso, vendeu uma moto que tinha na Bahia e, com ajuda de

---

[45] É importante ressaltar que o público CDE não é homogêneo, sendo composto por pessoas que mantêm diferentes relacionamentos com o dinheiro, apesar de terem renda baixa. No caso de Gerson, podemos conhecer uma pessoa extremamente organizada e planejada financeiramente, e que conquistou boa parte de seus bens a partir de uma boa gestão financeira.

um dinheiro que possuía na poupança, comprou uma casa pequena, de dois cômodos, por R$ 10.500,00. Três anos depois, vendeu a casa por R$ 15 mil e, junto com a rescisão de seu emprego e um dinheiro que tinha na poupança, comprou a casa onde mora atualmente por R$ 27 mil. Segundo ele, "foi um bom negócio porque valorizou muito, se fosse no banco, não teria rendido isso". Ele pretende vender a casa atual, avaliada em R$ 100 mil e, com o dinheiro, quer dar entrada em um imóvel formalizado em um conjunto habitacional.

Tudo isso só foi possível porque Gerson é uma pessoa muito organizada financeiramente, possuindo bastante conhecimento sobre o funcionamento do sistema financeiro, bancos e investimentos. De fato, é impressionante sua desenvoltura ao falar sobre temas como taxa de juros, inflação, taxa Selic e rendimentos — ele conhece com detalhes os investimentos que cobram ou não imposto de renda e que possuem taxa de administração, tecendo comentários sobre a melhor forma de investir o dinheiro: "se você usa a poupança, não precisa pagar nenhum tributo, esses fundos geralmente tem que pagar alguma taxa". Na conversa menciona até investimentos mais complexos: "um investimento que dava para ter ganhado muito dinheiro, mas que hoje em dia é meio arriscado, é o bitcoin. Se eu tivesse feito uma aplicação um ano atrás, eu teria ganhado muito dinheiro. Hoje não sei mais se vai continuar valorizando". Diz que tem vontade de diversificar seus investimentos, mas ainda não teve "coragem de mexer", e que prefere a poupança porque tem liquidez e não paga imposto de renda.

Além do conhecimento sobre o funcionamento do sistema, ele também busca construir seu patrimônio controlando bastante seus gastos. Ele mesmo se define como "mão de vaca" e "pé no chão", e afirma que raramente compra itens considerados supérfluos. Além disso, procura comprar tudo à vista e sempre procura itens em promoção: "eu gasto pouco, eu não gasto à toa, procuro sempre comprar em promoção, pesquisar preço, compro apenas o necessário". Foi assim que ele conseguiu, apenas nos primeiros meses de 2018, comprar um celular, uma geladeira e um terreno em Vitória da Conquista, sua cidade natal, tudo isso sem precisar resgatar seus investimentos.

Para o entrevistado, ter a possibilidade de guardar seu dinheiro no banco é fundamental:

os bancos me ajudam muito. Quando eu estou com dinheiro no banco e eu estou precisando de algo, muitas vezes eu não vou lá retirar e deixo esse algo para depois; se não fosse o banco e eu estivesse com o dinheiro em casa, automaticamente eu ia gastar esse dinheiro, mas como está no banco eu não tiro. Me ajuda muito a organizar as coisas.

Ele possui duas contas em banco: uma na Caixa e outra no Bradesco, ambas decorrentes da época em que trabalhava formalizado. Possui também duas poupanças, uma em cada banco, com um valor somado de cerca de R$ 30 mil. Sua gestão financeira se baseia no uso das duas contas: quando o pagamento dos clientes cai na conta, passa automaticamente 50% do valor para seu sócio; saca o dinheiro que vai utilizar no mês; e deixa o resto no banco. Assim, evita de gastar o dinheiro com "coisas desnecessárias". Segundo ele, em um "mês bom", ou seja, quando ganha cerca de R$ 4 mil consegue juntar até 60% do valor recebido. Mas em geral afirma que seus rendimentos giram em torno de R$ 2.500,00 mensais, que ele gasta com as despesas da casa, R$ 500,00 de pensão para os filhos e os custos de seu carro próprio (gasolina e aluguel da garagem onde o guarda). O dinheiro da poupança também funciona como um "colchão" para os meses em que recebe menos, ajudando-o a sobreviver à oscilação de renda.

O próximo passo na sua relação com os bancos será a adoção de tecnologias para o manejo de sua vida financeira: "hoje em dia nem precisa mais ir no banco, tem tantos aplicativos, faz tudo pelo celular, mas eu ainda não me familiarizei com essas tecnologias [...] as pessoas de nível mais elevado nem vão no banco mais, só as de pouca cultura. A gente precisa conhecer mais de tecnologia". Quem mais lhe inspira é seu sócio, que já está "se modernizando", paga tudo no débito automático e pelo internet banking. Em relação aos bancos, diz que "gosta de lidar", mas gostaria de "entender mais e ter mais confiança", e que ainda se sente mais seguro fazendo a maior parte das transações e comunicações na forma presencial.

Sua principal fonte de informação sobre o mundo financeiro é a internet, acessada sempre pelo celular. Ele é um consumidor ávido de vídeos do Youtube, blogs de finanças e sites sobre economia. Também costuma assistir ao jornal da Globo News (emissora de televisão a cabo) e lê jornais sobre o assunto.

Apesar de Gerson ser bastante articulado na sua relação com o mundo financeiro, esse relacionamento ainda é marcado por dificuldades, como o acesso a crédito imobiliário. De fato, na sua região todas as transações são feitas de maneira informal: "aqui onde moro ninguém financia imóvel, tem que pagar tudo à vista e fica mais difícil". Seu plano é vender a casa atual e, com o dinheiro da entrada, buscar um financiamento junto a algum banco. Apesar de alta, acha que a dívida compensa, pois "imóvel nunca desvaloriza". Atualmente, sua maior preocupação é não conseguir o financiamento necessário para a obtenção de sua casa própria, e por isso está buscando a formalização de seu empreendimento via MEI, já que acredita que terá maiores chances de conseguir o financiamento se estiver vinculado formalmente ao mercado de trabalho.

Para o futuro, Gerson pretende conseguir realizar o sonho da casa própria regularizada e quer investir na educação dos filhos, como colocar sua filha em uma escola particular e no curso de inglês. O desejo de dar o melhor aos filhos prevalece, ainda mais quando lembra de como era sua infância: para ele, é a passagem de uma vida sofrida para "o mundo da tecnologia". "Hoje está mais fácil a locomoção das pessoas. Antes ninguém tinha carro e moto, era tudo a cavalo, e a vida era limitada àquele local. Era muito simples. Mas hoje na Bahia e em São Paulo cada um tem seu veículo, e consegue se locomover com mais facilidade, parece que o mundo expande".

Em resumo, o caso de Gerson mostra bem as mudanças na inclusão financeira da população CDE nos últimos anos. Houve uma evolução no acesso e mais pessoas estão incluídas no sistema bancário. No caso de Gerson, o acesso a duas poupanças lhe permite controlar seus gastos e juntar patrimônio, que em diversos momentos foi convertido em ativos de longo prazo, como sua casa própria. Porém, ainda resta o desafio de ampliar o uso e a qualidade de outros aspectos do sistema financeiro. Apesar de ser muito organizado e planejado, Gerson não tem acesso a financiamento de uma casa própria devido ao seu local de moradia, à informalidade dos títulos de propriedade e a sua renda informal. Assim, seria preciso criar mecanismos para que pessoas como ele tivessem de fato acesso a crédito e a outros serviços do sistema bancário.

Caso 2: Uso de internet banking, Maurício, 31 anos

Maurício mora com a esposa (44) e a filha (sete) em um apartamento próprio em Ferraz de Vasconcelos, cidade-satélite localizada na periferia leste da cidade de São Paulo. Atualmente, sua esposa está desempregada, mas trabalha esporadicamente como recepcionista. Sua filha frequenta a escola pública do bairro. Também possui outro filho, fruto do casamento anterior, que mora com a ex-esposa na cidade de Suzano (SP), onde também mora sua família materna.

Maurício trabalha como segurança de um grande shopping em uma área nobre da zona oeste da capital paulista. Por causa da distância de sua casa ao trabalho, cerca de 37 km, define seu bairro como um "bairro dormitório", que usa apenas para descansar entre as extensas jornadas, com turnos que duram 12 horas. De fato, os deslocamentos são longos, cerca de 2h para ir ou voltar do trabalho, percurso que costuma fazer de transporte público, apesar de possuir um carro próprio. Essa escolha se dá porque leva menos tempo para ir de ônibus e trem do que se fosse dirigindo, e ainda teria que arcar com os custos de estacionamento.

Devido às características do bairro, mesmo a realização de atividades simples de lazer demanda certa organização e logística, já que não existem equipamentos próximos à sua casa. Além disso, ele se preocupa com o problema do tráfico de drogas. "Aqui é como todo bairro de periferia, existe o trabalhador, existe o menino que vende droga, existe o menino que consome droga e existe os vagabundo, que estão lá para atrasar as pessoas. [...] Então você tem que viver a sua vida ali mesmo, não atrapalhar ninguém". A solução? Garantir a diversão dentro de casa ou sair do bairro para realizar qualquer passeio. Com isso, é preciso atentar para a importância da internet nos domicílios CDE, que, com poucas opções de lazer no bairro, acabam investindo em opções de entretenimento dentro de casa. Para se ter uma ideia, mesmo que tivesse uma emergência e precisasse cortar gastos, Maurício afirma que "não cortaria de jeito nenhum" a televisão a cabo: "eu não deixo faltar a Sky [provedora de TV a cabo] por causa do desenho da minha filha, não tem condições de assistir televisão aberta hoje, não dá para você assistir, estou tentando preservar a inocência dela, de brincar, de aprender a ler". Outra estratégia é investir em passeios fora do bairro.

A família costuma ir ao shopping, ao parque ou sair para jantar. Assim, é comum separarem o domingo para ir ao Parque Ibirapuera com a filha, ou visitar sua família materna em Suzano.

Nascido em Suzano, Maurício morou a vida toda na mesma cidade, se mudando para Ferraz de Vasconcelos após se casar com a esposa atual. Ela já possuía um apartamento financiado na região e eles decidiram investir no sonho da casa própria. Quitaram o apartamento e logo entraram em outro financiamento, dessa vez em um condomínio na zona sul de São Paulo, cuja dívida será quitada dentro de cinco anos. Atualmente o apartamento está desalugado e a família está tendo que "se apertar" para conseguir equilibrar as contas. A renda familiar consiste apenas no salário que recebe como segurança, cerca de R$ 2.200,00. Apesar da esposa desempregada e do imóvel financiado, diz que em geral consegue economizar um pouco: "todo mês consigo juntar um pouquinho, nem que seja 100 reais".

É por causa desse contexto que a internet possui um papel fundamental no gerenciamento de sua vida financeira. De fato, se não fosse pelo internet banking, ele afirma que teria mais dificuldade de gerenciar seu negócio. Maurício trabalha como prestador de serviço, apesar de já ter trabalhado anteriormente com carteira assinada. Após alguns anos trabalhando na mesma empresa, pediu para ser mandado embora e montou seu próprio negócio, atualmente informal. Ele é responsável não apenas pela realização da segurança de eventos, mas também pelo recrutamento do resto da equipe. Assim, é ele quem faz os pagamentos de todos os funcionários contratados, geralmente contratos temporários.

O sistema funciona da seguinte forma: Maurício é contratado por uma empresa para fazer a segurança de um evento. Assim que recebe o número de funcionários que precisa recrutar, começa a acionar os mais de mil contatos que possui no WhatsApp, levantando possíveis interessados em trabalhar no local. Após a realização do serviço, seu empregador deposita em sua conta-corrente o salário dos funcionários, que ele paga via transferência bancária àqueles que possuem conta na Caixa Econômica Federal. Aos que não possuem conta em banco ou não têm conta na Caixa, ele paga em espécie.

A gestão deste sistema só é possível pelo acesso ao internet banking, que lhe permite fazer todas as transferências pelo celular, realizadas geralmente quando está em casa ou no transporte público. Além disso, também usa o celular para fazer pagamento de contas, boletos, movimentar a poupança e pagar o cartão de crédito. Assim, o uso do canal virtual lhe permite economizar o pouco tempo livre que possui e aproveita para ficar com a família e descansar:

> Eu prefiro usar o aplicativo, por causa da comodidade e por causa do tempo. Eu preciso dormir, se eu tiver que pagar boleto da lotérica, eu terei que dormir menos. Por exemplo, imagina que eu preciso pagar um boleto, eu tenho que levantar um pouco mais cedo, entrar no site do cartão, mandar esse boleto pro meu e-mail, imprimir, sair para a Lotérica, que pode ser que eu passe cinco minutos lá, pode ser que eu passe uma hora, e perder o horário do serviço. Com o aplicativo em dois-cinco minutos eu resolvo.

Como é possível perceber, o celular é um item fundamental para a gestão de sua vida cotidiana: "meu celular faz tudo, só não faz sexo e comida". Considera-se uma pessoa relativamente organizada em relação às finanças, afirma que junta pouco, mas também não costuma entrar em dívidas. Seu maior desafio é controlar os gastos com cartão de crédito. Anteriormente teve dificuldade de gerir os diversos cartões que possuía e seu nome foi parar no SPC. A dívida acabou caducando, mas ele aprendeu a lição: cancelou todos os cartões e atualmente mantém apenas um, usado para emergências e supermercado.

Em relação às mudanças que percebe em sua vida, as principais diferenças são o acesso dos filhos a bens de consumo, especialmente tecnologia. Ele narra uma infância feliz: "eu zoava muito, brincava muito, comia muito, acho que sou gordo até hoje de tanto que eu comi [risos]. Tive uma mãe maravilhosa, excepcional, pai também, mesmo com as dificuldades da época". Filho de mãe doméstica e pai motorista de caminhão, fala de uma infância simples e com acesso restrito às coisas: "hoje, se minha filha quer pizza, a gente vai comer uma pizza, na minha época não tinha essa possibilidade". Também narra o impacto da tecnologia na vida dos filhos:

> Na minha época eu comia terra, hoje minha filha mexe no tablet, no celular, eles são muito mais evoluídos que nós [...]. Hoje tem internet e televisão, os

desenhos de antigamente eram melhores, tinha mais diversão... Antes você se divertia com pouco, eu brincava no quintal com abacateiro, horta, tinha galinha, tinha ovo. Hoje tudo é o celular. A modernidade veio para revolucionar, tem que se adaptar, senão vira um xucro.

Para o futuro, Maurício deseja sair do país e morar na Suécia ou na Noruega:

já visitei lá várias vezes por livros, internet e Youtube, é mais por questões políticas e de segurança. Acho que no país hoje em dia o rico é cada vez mais rico e o pobre cada vez mais pobre. Então eu falo para a minha mulher ficar preparada, que quando passar o cavalo a gente sobe.

Mas enquanto não realiza esse sonho, pensa em dar um futuro melhor para a filha, matriculando-a em uma escola particular e no curso de inglês. Também deseja voltar para Suzano e ficar mais próximo de sua família.

Em suma, o caso de Maurício ilustra de que forma as mudanças promovidas pelo advento da tecnologia bancária têm mudado a vida dos brasileiros de baixa renda. A partir do uso de internet banking, o empreendedor consegue gerir o seu negócio, controlar suas finanças e gerir as contas da casa. Em um contexto de longas jornadas de trabalho e de vulnerabilidade social do bairro onde mora, essas ferramentas contribuem para o acesso ao sistema bancário e para segurança e comodidade de Maurício e sua família.

Caso 3: Microcrédito como impulsionador do negócio próprio, Paulo, 20 anos

É em uma casa pequena, de apenas três cômodos, que mora Paulo, 20 anos. Ele mora sozinho em uma casa alugada em Jaboatão dos Guararapes, zona metropolitana de Recife. Após morar a vida toda com a mãe e os quatro irmãos, decidiu alugar uma casa mais próxima à região onde trabalha, tendo feito a mudança há apenas seis meses. É solteiro, mas tem uma namorada que mora em um bairro próximo.

Sua história de vida é parecida com diversas histórias de meninos da periferia: sua mãe migrou do interior de Pernambuco para a cidade grande e atuava como costureira, revendedora de cosméticos e ajudante de pedreiro. Já seu pai possuía um comércio local, mas "se acabou na bebida", o que levou ao rompimento com a família quando ele era criança. Foi criado apenas pela mãe.

Paulo é prestador de serviços e trabalha provendo internet para o bairro. Começou nesse ramo quando ainda era adolescente, auxiliando um antigo prestador de serviços da região; na época tinha 14 anos. Depois de alguns anos, decidiu começar o próprio negócio e, junto com um sócio, abriram uma pequena empresa (atualmente atua como MEI) de provisão de internet.

Ao explicar o funcionamento do negócio, comparou com um supermercado: "basicamente a gente compra a internet e essa internet a gente vende. É como se fosse um supermercado. A gente encomenda, abastece o estoque e vende pro povo". Atualmente possui 120 clientes em um raio de 3 km de sua casa, que lhe pagam parcelas mensais que variam de R$ 40 a R$ 70. Ele passa seu dia alternando entre a manutenção da rede, a instalação de novos pontos e a cobrança dos clientes.

Ele se define como um empreendedor e utiliza termos comuns ao universo do empreendedorismo, como "investimento", "capital de giro" e "consultoria". É interessante perceber o interesse em aprender sobre esse universo: costuma ficar horas no Youtube e em diversos sites da internet pesquisando sobre como gerenciar o negócio, melhorar os lucros da empresa e realizar um bom fluxo de caixa. Diz que nunca teve educação formal sobre o assunto e aprendeu tudo sozinho, perguntando para as pessoas e pesquisando na internet. Porém, ainda enfrenta diversas dificuldades, especialmente devido às mudanças na legislação de provisão de internet e relacionadas com o pagamento dos clientes. Por atuar em uma comunidade pobre, diz que é bem comum que as pessoas tenham dificuldade de pagar as parcelas em dia e muitas vezes acaba sem dinheiro para fechar as contas do mês. Segundo ele, o negócio está dando menos lucro do que esperava. No momento, toda renda de sua casa advém de seu trabalho, cerca de R$ 800,00 mensais.

Seu principal desafio no negócio é manter um bom capital de giro, que o ajudaria a gerir o problema com os pagamentos:

> a principal dificuldade é o capital de giro, a gente não tem. Se a gente tivesse, não teríamos tanto problema com os pagamentos. Também poderíamos tirar

um valor fixo para comprar os materiais [...]. Eu precisaria de R$ 6.000,00, seria para pagar o aluguel da casa, pagar meu salário de uma vez só e tirar o dinheiro do meu sócio.

Atualmente ele afirma que sobra pouco dinheiro, e o que a empresa recebe acaba pagando em contas. Nesse contexto, o acesso ao microcrédito foi fundamental para a manutenção do negócio.

O capital inicial foi investido pelo sócio, cerca de R$ 3 mil. Com o dinheiro, compraram cabos e equipamentos de trabalho. Após um ano, conseguiram o primeiro empréstimo por meio de um programa de microcrédito da Caixa Econômica Federal, R$ 2 mil, que usaram na compra de mais cabos e mais caixas de material. Nessa época conseguiram expandir sua base de clientes de 30 para 60 pessoas em apenas dois meses. Levaram alguns meses para pagar o empréstimo e, logo que quitaram, solicitaram novamente, dessa vez sem sucesso. Apesar do histórico de bons pagadores, houve mudanças na oferta de crédito da Caixa e eles acabaram tendo que recorrer a outras fontes. Neste meio tempo conheceram o programa Crediamigo do Banco do Nordeste e conseguiram um empréstimo de R$ 800 mil, bem abaixo dos R$ 2 mil que solicitaram. Ele acha que o valor aprovado foi baixo porque eles ainda não possuem o "*score*" necessário para conseguir empréstimos mais altos, mas tem esperança de que, com o tempo, tenham acesso a melhores valores. Atualmente pagam cerca de R$ 215,00 pelo empréstimo, ao longo de quatro meses.

Para ele, o empréstimo do Crediamigo ajudou na gestão do negócio, uma vez que permitiu a compra de materiais de trabalho. Porém, acredita que teria sido mais vantajoso se tivessem conseguido valores maiores, que permitiriam de fato expandir a base de clientes. Além disso, o modelo de concessão do microcrédito é baseado em grupos de empréstimo e Paulo afirma que os empreendedores preferem empréstimos individuais, mas elogiou o fácil acesso ao sistema e o atendimento do banco, fundamentado em um agente local de crédito. Segundo ele, o fato de ter uma pessoa no bairro facilita a comunicação com o banco e confere mais segurança às transações.

Outro problema no acesso ao crédito é a falta de oferta. De fato, Paulo afirma que o único banco que oferece crédito para pessoas como ele é o Banco do Nordeste (responsável pelo Crediamigo). Por essa razão, ele não costuma fazer pesquisa de juros, pois não há com quem comparar: "eu nunca liguei pra juros, se tem alguém que está fornecendo, é uma troca de favores. Mas o juros do Crediamigo é acessível, são 3,5%, algo assim [...]. Não comparei com outros porque só ele dá".

Por fim, outro desafio da empresa é aumentar o grau de relacionamento com o sistema bancário. Apesar de possuir conta em banco na Caixa, a maior parte do pagamento dos clientes é recebida em dinheiro, o que faz com que a empresa tenha pouca relação com os bancos. Assim, grande parte das compras do negócio, pagamento de fornecedores e contas é feita em dinheiro, o que diminui o controle dos sócios sobre a gestão de seu lucro. Ele mesmo não se considera uma pessoa organizada financeiramente e afirma que seu principal problema é o cartão de crédito. Quando as contas apertam (ou seja, quando gasta mais do que devia e acaba sem dinheiro no mês), economiza na feira e acaba almoçando mais na casa da mãe. Mas os sócios costumam utilizar o sistema de gerenciamento do Banco do Nordeste, o GerenciaNET, que os ajuda a gerir o fluxo de caixa do negócio.

Os planos para o negócio incluem conseguir um empréstimo maior, de R$ 15 mil, para a compra de um carro e de equipamentos. Assim, conseguiriam abranger uma área maior e expandir a carteira de clientes. Sua meta é chegar a 500 clientes em três anos e ser um provedor reconhecido na região. Ele acha que os bancos poderiam ajudar mais se oferecessem mais crédito e se os valores fossem maiores. Para ele, os R$ 2 mil conseguidos com a Caixa foram fundamentais para dobrar sua carteira de clientes, e o dinheiro conseguido com o Crediamigo ajudou a compor seu estoque atual. Também deseja alcançar a tão sonhada sustentabilidade financeira, que lhe permitirá se ausentar por mais tempo do negócio para se dedicar a outras atividades.

Para o futuro, Paulo pretende continuar estudando. Quer terminar o ensino médio (interrompido quando começou a trabalhar) e fazer uma faculdade de sistemas de informação. Seu sonho é entrar na Polícia Federal e trabalhar com crimes digitais. Para isso, atualmente está tentando conciliar o trabalho com os estudos, cursando o terceiro ano do EM no período noturno na escola do bairro. Católico, divide o tempo de lazer entre as atividades da igreja, a casa da namorada e o hábito de tocar violão, aprendido depois que passou a frequentar um conservatório musical em Recife.

O caso de Paulo é ilustrativo dos avanços e dificuldades sentidos pelas classes CDE no acesso à crédito. Se, por um lado, o acesso a dois empréstimos foi fundamental para a expansão e consolidação do negócio, por outro, esse acesso ainda é limitado, tanto em termos de valores quanto em opções de oferta. Devido às poucas opções no mercado, os empreendedores acabam aceitando a primeira oferta que aparece, sem ter a oportunidade de comparar preços e negociar. Também enfrentam dificuldades na gestão do dia a dia do negócio, especialmente na relação distante com os bancos e com a inadimplência dos clientes — sem um capital de giro consolidado, fica mais difícil fazer essa gestão.

Mas Paulo tem esperança. Afinal, já conseguiu dois empréstimos e acredita que, com o tempo, terá possibilidades de expandir seu negócio e realizar seus sonhos. Como ele mesmo diz, "quem espera sempre alcança".

4. Desafios para o futuro

a. O foco atual das estratégias de inclusão financeira deve ser a ampliação do uso e da qualidade dos serviços financeiros

Entre as três dimensões da inclusão financeira — acesso, uso e qualidade —, as evidências apontam um descompasso, com progressos relevantes apenas no acesso. A lembrança de que "bancarização não é sinônimo de inclusão" e as discussões aqui apresentadas, destacando a diferença entre posse e uso de conta bancária, ilustram esse ponto. Direcionar esforços para uso e qualidade implica basicamente melhorar os produtos e serviços financeiros oferecidos à população de baixa renda, assim como desenvolver métricas adequadas para acompanhamento.

b. Aprimorar o disclosure de informações dos relatórios de sustentabilidade de forma a propiciar maior acompanhamento das dimensões uso e qualidade da inclusão financeira

Os principais bancos brasileiros são signatários de acordos e iniciativas de desenvolvimento sustentável. Seria de grande valia que os relatórios produzidos, notadamente os de sustentabilidade, informassem à sociedade em geral como evoluíram as dimensões uso e qualidade dentro das carteiras individuais de produtos, dando transparência às agendas de inclusão financeira adotadas.

c. As autoridades responsáveis pela regulação e defesa da concorrência podem contribuir para a melhoria da inclusão financeira

Há evidências de um grau insatisfatório de concentração nos serviços financeiros, o que tende a ser um obstáculo para a concorrência e a capacidade de inovação. Desde os primórdios das microfinanças, a inovação tem sido fundamental para incluir a população de menor renda. Assim, é desejável haver maior proatividade e coordenação das autoridades de regulação e defesa da concorrência, por exemplo, coibindo fusões e aquisições que potencialmente inibam a concorrência.

*d. O BNDES deveria ter uma atuação diferente na política de apoio e direcionamento de recursos para instituições de microfinanças.
O foco deveria ser a indução de práticas inovadoras*

A atuação do BNDES tem sido revista e nos parece evidente que, diante de um cenário provável de contenção fiscal, os recursos deveriam priorizar arranjos e modelos de negócio que se mostrem inovadores. Com isso, pode haver um efeito positivo que fomente, por exemplo, parcerias envolvendo instituições de microfinanças, bancos comunitários e *fintechs* cuja lógica de atuação seja preponderantemente orientada para promoção do desenvolvimento, ao invés de unicamente maximização de lucros.

e. Os bancos públicos, notadamente a Caixa Econômica Federal, podem adaptar a experiência do Banco do Nordeste às suas formas de atuação, incluindo potenciais parcerias em nichos específicos

Existe claramente uma curva de aprendizado na implementação de programas de microfinanças e inclusão financeira. O Banco do Nordeste tem atuação destacada no cenário brasileiro e outros bancos públicos poderiam seguir na mesma direção por meio de parcerias e cooperação. A Caixa nos parece natural candidata, dada sua missão eminentemente social, com menor risco de conflito de interesses entre acionistas, como seria o caso do Banco do Brasil, além de sua presença em todo território nacional e do relacionamento já existente com parcela relevante da população de baixa renda.

f. Mudanças no arcabouço legal podem contribuir para uma atuação mais inovadora das instituições de microfinanças

O conjunto de leis que atualmente rege Organizações da Socieadade Civil de Interesse Público (Oscips) e Sociedades de Crédito ao Micrompreendedor e a Empresa de Pequeno Porte (SCMEPP) pode ser modificado de maneira a aumentar as possibilidades de diversificação de produtos. Por exemplo, poderia haver amparo legal para a expansão do microcrédito para reforma de imóveis ou ainda a possibilidade das SCMEPP atuarem como instituições de pagamentos, nos moldes da Lei nº 12.865, de 9 de outubro de 2013 e de outras deliberações normativas posteriores.

REFERÊNCIAS

AGHION, B. A.; MORDUCH, J. *Economics of microfinance*. Cambridge: Cambridge Press, 2010.
ALLEN, F. et al. The foundations of financial inclusion-understanding ownership and use of formal account. Policy Research Working Paper 6290. 2012. Disponível em: <https://openknowledge.worldbank.org/bitstream/handle/10986/12203/wps6290.pdf?sequence=1>.
Banco Central do Brasil (BCB). *Relatório de inclusão financeira*. 2011. Disponível em: <www.bcb.gov.br/Nor/relincfin/RIF2011.pdf>.
___. *Relatório de inclusão financeira*. 2015. Disponível em: <www.bcb.gov.br/Nor/relincfin/RIF2015.pdf>.

____. *Série cidadania financeira*: estudos sobre educação, proteção e inclusão. Disponível em: <www.bcb.gov.br/nor/relincfin/serie_cidadania_financeira_pesquisa_infe_br_%200443_2017.pdf>.

CERNEV, A. K. O futuro do dinheiro eletrônico. *GV-executivo*, v. 16, n. 2, 2017.

CLAESSENS, S. Access to financial services: a review of the issues and public policy objectives. *Policy Research Working Paper*, n. 3.589. Washington: World Bank, 2005. Disponível em <https://openknowledge.worldbank.org/bitstream/handle/10986/16428/767600JRN0WBRO00Box374387B00PUBLIC0.pdf?sequence=1&isAllowed=y>.

DINIZ, E. H.; POZZEBON, M.; JAYO, M. The role of ICT in helping parallel paths converge: microcredit and correspondent banking in Brazil. *Journal of Global Information Technology Management*, p. 80-103, set. 2014.

GONZALEZ, L.; BRITO, M. Microcrédito nas cooperativas, um estudo exploratório. In: ENCONTRO DA ASSOCIAÇÃO NACIONAL DE PÓS-GRADUAÇÃO E PESQUISA EM ADMINISTRAÇÃO, 2013, Rio de Janeiro.

GONZALEZ, L. Caminhos para a inclusão financeira. *GV-executivo*, v. 16, n. 3, maio/jun. 2017. Disponível em: <http://rae.fgv.br/gv-executivo/vol16-num3-2017/caminhos-para-inclusao-financeira>.

____; DINIZ, E. Microcrédito e inovações nos serviços financeiros. In: BARKY, E. *Negócios com impacto social no Brasil*. São Paulo: Peirópolis, 2013. v. 1, p. 182-204.

JAYO, Martin. *Correspondentes bancários como canal de distribuição de serviços financeiros*: taxonomia, histórico, limites e potencialidades dos modelos de gestão de redes. São Paulo: Fundação Getulio Vargas, 2010.

MOSER, R. M. B.; GONZALEZ, L. Microfinance and climate change impacts: the caso of Agroamigo in Brazil. *RAE* (impresso), v. 55, p. 397-407, 2015.

MORDUCH, J. The microfinance promise. *Journal of Economic Literature*, v. 37, p. 1569-1614, 1999.

NERI, M. *A nova classe média*: o lado brilhante da base da pirâmide. São Paulo: Saraiva, 2011.

____. *Microcrédito*: o mistério nordestino e o grameen brasileiro: perfil e performance dos clientes do CrediAmigo. Rio de Janeiro: FGV Ed., 2008.

RADJOU, N.; PRABHU, J. Mobilizing for growth in emerging markets. *MIT Sloan Management Review*, v. 53, n. 3, p. 81-88, 2012.

ROA, M. J. *Financial inclusion in Latin America and the Caribbean*: access, usage and quality. Cidade do México: Cemla, 2015.

ROODMAN, D. *Due diligence*: an impertinent inquiry into microfinance. Washington, DC: Center for Global Development, 2012.

ROSENBERG, R. Reflections on The Compartamos Initial Public Offering: a case study on microfinance interest rates and profits. *CGAP Focus Note*, n. 42, 2007.

SCHMIDT, R. H. Microfinance, commercialization and ethics. *Poverty & Public Policy*, v. 2, p. 99-137, 2010.

VALOR ECONÔMICO. Inclusão financeira, bancarização e juros. 3 maio 2011. Disponível em: <www.abbc.org.br/arquivos/inclusao_financeira_bancarizacao_e_juros.pdf>.

____. 21 ago. 2009. Opinião, "Inclusão Financeira".

CAPÍTULO 5
DIGITALIZAÇÃO

Maurício de Almeida Prado
Breno Barlach
Mariel Deak

Os meados dos anos 1990 marcam o início da internet no Brasil por meio de redes telefônicas discadas. O ano-base de referência para este estudo, 1995, representa um dos primeiros anos de internet disponível para usuários domiciliares no país. Nesse ano, os serviços de telefonia eram oferecidos por empresas estatais e, para se adquirir uma linha telefônica, era necessário esperar de dois a três anos e desembolsar um valor equivalente a R$ 8 mil (em valores corrigidos pela inflação). O alto custo do acesso à telefonia é uma das razões que explica a baixa penetração de telefones em domicílios em 1995, quando apenas 21% das famílias tinham telefone em casa, sendo 35% das classes AB, ínfimos 6% dos domicílios da classe C e 2% das DE.

Em pesquisas realizadas pelo Instituto Plano CDE com famílias de classe média e baixa nos últimos 10 anos, temos notado a importância e centralidade dos meios de comunicação digitais para o dia a dia desta população, conforme veremos ao longo deste capítulo. Acompanhamos o crescimento do uso do celular, a entrada na internet — principalmente via smartphones —, o alto engajamento nas redes sociais, o uso desses meios para acesso à informação, comunicação, educação e lazer e até mesmo seu papel como importante fonte de geração de renda para essas famílias.

Muitos estudos sobre o crescimento dos meios digitais apontam os riscos do *digital divide*.[1] Segundo esse conceito, um processo de digitalização desigual entre os mais ricos e os mais pobres poderia ampliar as desigualdades socioeconômicas entre os que acessam e os que não acessam os meios

---

[1] Para uma discussão aprofundada sobre o *digital divide*, ver Rice e Katz (2003). Os autores demonstram como o acesso à internet e, na época, a telefones celulares seguia clivagens de renda, raciais e de gênero nos Estados Unidos.

digitais. Esses estudos apontam que o risco do *digital divide* existiria tanto em termos de diferença de acesso quanto de diferença do tipo de uso dos meios digitais. Um exemplo sobre diferentes usos dos meios digitais seria o de dois jovens, um de família rica que usa o computador para estudar e acessar informações, outro de família mais vulnerável que usa a internet apenas para jogos e redes sociais. Veremos adiante que há diferenças no uso de meios digitais entre jovens de nível socioeconômico diferente, ou seja, não basta que todos tenham acesso a um computador e internet, é preciso que se ofereça educação para que todos saibam utilizar esses meios para seu desenvolvimento pessoal e profissional.

Não estamos negando que ainda existam diferenças de uso importantes entre as diferentes classes sociais. Argumentamos que as diferenças de acesso vêm caindo, o que é muito positivo. E, muito importante, os meios digitais ajudam a resolver questões históricas de barreiras de acesso das classes mais vulneráveis a diversos serviços, renda, educação, comunicação e informação.

Este capítulo tem como objetivo levantar as principais mudanças ocorridas no processo de inserção em telecomunicações e digitalização nas famílias CDE de 1995 a 2015 no Brasil. Começamos levantando os dados de crescimento dos meios digitais como base em pesquisas Pnad/IBGE e Tic Domicílios. Após esse levantamento de dados, debatemos as principais razões que explicam essa evolução, para depois trazer histórias de famílias que tiveram suas vidas impactadas por esse processo de inserção em telecomunicações e digitalização. Finalmente, apontaremos os principais desafios para levarmos o acesso e o uso qualificado de meios digitais para todas as famílias brasileiras.

1. O que mudou?

A universalização do acesso ao telefone nos domicílios CDE

De todas as mudanças ocorridas no período de 1995 a 2015 em telecomunicações, a mais relevante foi o processo de ampliação do acesso a telefones nos domicílios. Enquanto em 1995 apenas 20% dos domicílios brasileiros possuíam algum telefone em casa, em 2015 mais de 90% dos lares já acessavam uma linha telefônica, sendo a maioria com acesso por aparelhos celulares pré-pagos.

GRÁFICO 1. **Penetração de telefone em casa (fixo ou móvel) por classe social (2001-2015)**

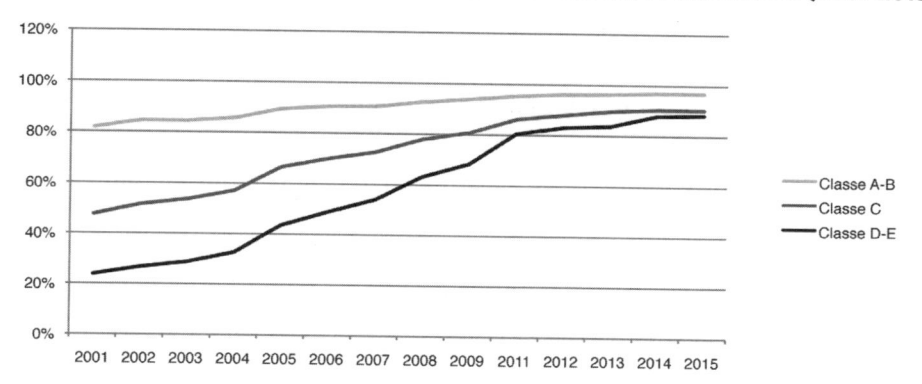

― Classe A-B
― Classe C
― Classe D-E

Fonte: Elaboração própria a partir de dados da Pnad.

GRÁFICO 2. **Penetração de telefone celular por classe social (2001-2015)**

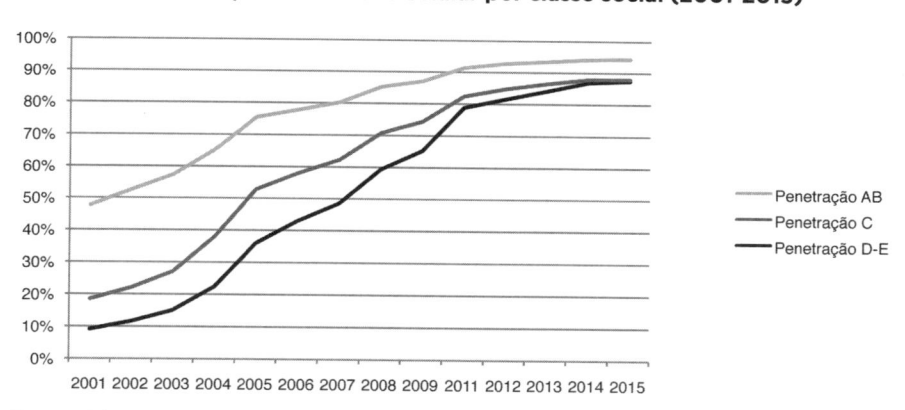

― Penetração AB
― Penetração C
― Penetração D-E

Fonte: Elaboração própria a partir de dados da Pnad.

Essa ampliação de acesso foi ainda mais acentuada para as classes CDE: podemos notar no gráfico 1 que a penetração de telefones nos lares das classes DE foi ampliada de 2% em 1995 para 87% em 2015; na C, de 6% para 88%, respectivamente. O gráfico 2 destaca como esse crescimento ocorreu devido ao aumento da penetração de telefones celulares, principalmente.

Apesar desse salto no acesso, vale ressaltar que há um *gap* de penetração entre as classes. A penetração de celulares nos domicilios das classes CDE em 2015 (87% e 88%, respectivamente) é semelhante à penetração das classes AB em 2009. Ou seja, as classes CDE estão no mesmo patamar de penetração que a AB seis anos antes.

Mais do que o aumento de acesso a telefones, ressalta-se como a população de baixa renda teve sua inclusão realizada por meio do telefone celular. O gráfico 3 mostra a penetração estritamente de telefones fixos por classe social. Em todos os grupos, há um aumento constante até a virada do século, em especial entre 1999 e 2001. A partir de 2003, a penetração dos modelos mais antigos de telefonia passa a cair em todos os grupos, nunca ultrapassando 20% das classes D e E.

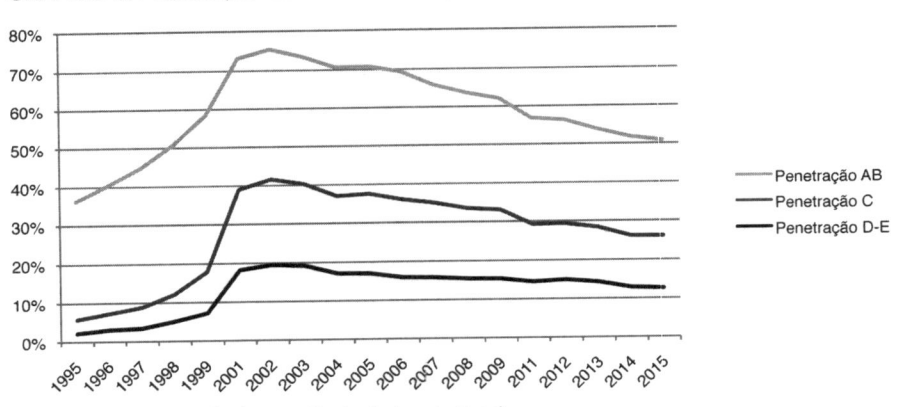

GRÁFICO 3. **Penetração de telefone fixo por classe social (1995-2015)**

Fonte: Elaboração própria a partir de dados da Pnad.

O crescimento dos telefones celulares e a importância do pré-pago

Segundo dados da Anatel, havia 235.656.000 celulares cadastrados no Brasil no mês de fevereiro de 2017.[2] Desses, 61% eram de telefones pré-pagos. O

---

[2] Disponível em: <www.teleco.com.br/ncel.asp>.

modelo de serviço pré-pago foi muito importante para o primeiro acesso das classes CDE ao telefone em suas casas. Uma das causas para a relevância do pré-pago na inserção das classes CDE no mercado digital é a variação da renda dessas famílias[3] que, em grande parte, dependem de trabalhos informais. Em geral, essas famílias têm dificuldade de se comprometer com despesas recorrentes como as dos planos pós-pagos, mas conseguem comprar créditos nos momentos de entrada de renda no domicílio. A importância do modelo pré-pago para as classes CDE será aprofundada na próxima parte deste capítulo, em que veremos que essa forma de acesso não se resume à telefonia celular.

A evolução dos computadores nos domicílios

Quando analisamos os dados de crescimento na posse de computadores nos domicílios, podemos notar uma penetração bem inferior à do celular para todas as classes. Essa diferença é ainda mais significativa nas classes DE. Enquanto nas classes AB a posse de microcomputador chega a 63% das famílias e na classe C esse número se aproxima dos 50%, apenas 22% dos domicílios DE possuem esse equipamento. Como vimos anteriormente, uma parte significativa das classes CDE acessa a internet via celular. Ou seja, essas famílias tiveram seu primeiro acesso à internet por dispositivos móveis.

A evolução da penetração de microcomputadores levanta a questão sobre como se dá o uso da internet nos domicílios. Em geral, os computadores são comumente mais associados a atividades de educação e trabalho, enquanto os aparelhos celulares são mais associados a atividades de lazer e comunicação. Em Napoli e Obar (2014), há uma longa discussão sobre como as limitações do acesso via mobile impactam o significado da inclusão digital por esses meios. Os autores argumentam que o uso de internet por telefones celulares "seria significativamente inferior [...] quando comparado ao acesso via computador pessoal", e que o *gap* seria ainda mais relevante

---

[3] Estudo disponível em: <www.slideshare.net/CGAP/designing-products-for-g2p-recipients--through-financial-diaries-and-ethnographic-research-in-brazil>. Acesso em: 14 maio 2018.

GRÁFICO 4. **Penetração de microcomputador por classe social (2001-2015)**

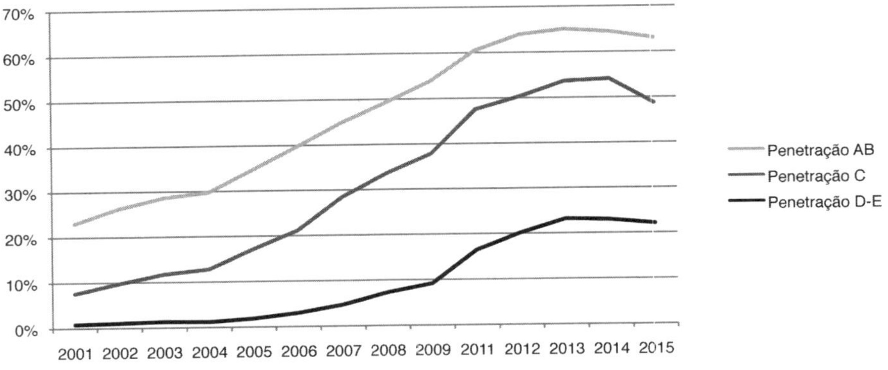

[Gráfico de linhas mostrando Penetração AB, Penetração C e Penetração D-E entre 2001 e 2015]

Fonte: Elaboração própria a partir de dados da Pnad.

entre "nativos mobile" — que não tiveram acesso a computadores antes do acesso pelo celular. Além de barreiras tecnológicas, desde espaço de armazenamento até velocidade de navegação, um aspecto central do *digital divide* analisado nesse estudo são as diferenças de uso — computadores estariam associados a um uso mais ativo da internet (buscas por informação e criação de conteúdo, por exemplo).[4]

Alinhada às conclusões do estudo citado, uma pesquisa da OCDE (2015) com jovens em diversos países mostrou que o número de horas na internet era semelhante entre jovens de classes altas e de mais baixas, mas que os primeiros usavam a rede mais para atividades ligadas a buscas e educação e os jovens mais vulneráveis usavam-na mais para jogos e lazer.

A presença de internet nos domicílios

Assim como os dados apresentados até aqui, a presença de internet nos domicílios mostra uma redução no *gap* de acesso entre as classes AB e CDE.

---

[4] Napoli e Obar (2014). Disponível em: <https://doi.org/10.1080/01972243.2014.944726>. Acesso em: 3 maio 2018.

GRÁFICO 5. **Acesso à internet no domicílio**

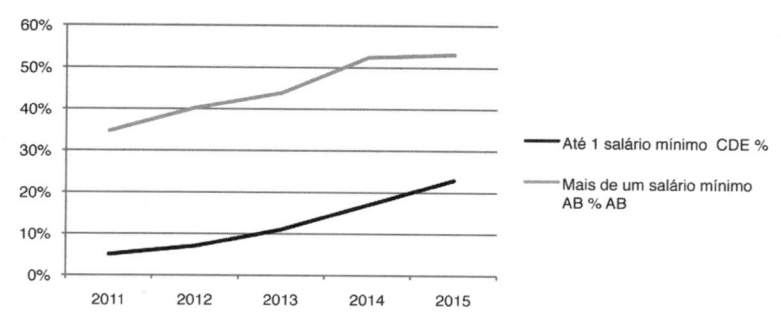

Até 1 salário mínimo CDE %
Mais de um salário mínimo AB % AB

Fonte: Cetic.

Esses dados foram levantados a partir do estudo TIC Domicílios e, por isso, não temos o recorte de classes entre C e DE. Usaremos, portanto, o corte de um salário mínimo de renda familiar *per capita* para separar os domicílios CDE. É possível notar a tendência de redução do *digital divide*, apesar de ainda muito relevante entre os anos de 2011 e 2015.

Uma alternativa à falta de acesso à internet nas casas eram as *lan houses*, que proliferaram no país no início do século. Em muitas comunidades periféricas ou regiões rurais, a *lan house* era o único ponto de acesso, e tinha a importância exercida pelo telefônico público até alguns anos atrás. Mesmo

GRÁFICO 6. **Acesso à internet fora de casa (*lan house*)**

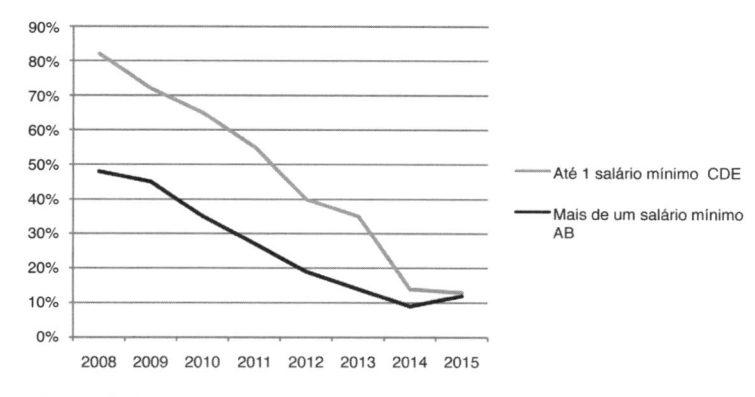

Até 1 salário mínimo CDE
Mais de um salário mínimo AB

Fonte: Cetic.

que houvesse uso de *lan houses* pelas classes de maior renda — para jogos e pontos de socialização de adolescentes —, foi nas classes CDE que esses centros exerceram uma grande influência, em razão de possibilitar uma porta de entrada ao mundo digital desse grupo. O crescimento do número de domicílios nas classes CDE conectados é correlacionado com a queda no uso de *lan houses* pela base da pirâmide.

Temos, ao final de um período de 21 anos, portanto, a massificação dos meios de telecomunicação — telefonia e acesso à internet. O aumento do acesso nas classes CDE varia conforme o meio — telefones ou computadores. Além disso, os níveis de conexão dos grupos de baixa renda ainda se mostram aquém do alcançado pelas classes AB há alguns anos, mostrando que ainda há muito o que caminhar para uma verdadeira universalização do acesso ao mundo digital na base da pirâmide.

2. Por que mudou?

Como já apresentado anteriormente, o Brasil evoluiu dos escassos 20% dos domicílios com telefone em 1995 a 2015 com mais 90% dos domicílios com acesso a meios de comunicação, principalmente via aparelhos celular. Mais impressionante é a trajetória dos mais vulneráveis: classes DE, que vão de 2% dos domicílios com telefone para 87%.

Essa trajetória de crescimento pode ser explicada por diversos fatores relacionados com políticas públicas e com o aumento da oferta, entre os quais:

- o processo de privatização das telecomunicações iniciado em 1998;
- a redução dos preços dos equipamentos e serviços, devido à evolução tecnológica e à competição no setor;
- a organização da sociedade civil no processo de regulamentação com iniciativas como o Comitê Gestor da Internet e a regulamentação do Marco Civil;
- fatores relacionados com a demanda: a falta de acesso de grande parte de população a serviços, como educação extracurricular e técnica, meios de informação (além da TV); opções de lazer; e empregos. Todas essas necessidades mal-atendidas tornaram a demanda por tecnologias de informação e comunicação muito elevada pelas famílias das classes CDE.

Esta seção irá analisar esses fatores que explicam o crescimento dos meios digitais nos domicílios das classes CDE neste período de 21 anos: de 1995 e 2015.

A redução dos preços dos equipamentos e serviços: privatização e evolução tecnológica

O processo de privatização das empresas de telecomunicações, iniciado em 1995, e a criação de uma agência reguladora para fiscalizar o setor de telecomunicações em 1997 — Agência Nacional de Telecomunicações (Anatel) — foram marcos importantes na mudança do mercado de telecomunicações brasileiro que deixou de ser monopólio estatal e passou para o modelo de concorrência privada regulada por órgão público. A concorrência decorrente desse novo modelo de mercado e os grandes investimentos realizados pelas empresas são algumas das razões para a queda dos preços de produtos e serviços nesse período, o que possibilitou o acesso aos meios de comunicação da população de baixa renda.

A Lei Geral das Telecomunicações (nº 9.472/1997), que estabeleceu os princípios básicos do processo de privatização da telefonia no Brasil, incluiu a criação de um plano de universalização dos serviços no bojo da autorização da entrada de capital privado no setor, regulamentado no Plano de Metas de Universalização (Decreto nº 2.592/1998). Esse plano se dedica especialmente ao aumento no acesso à telefonia em áreas rurais e urbanas de baixa renda.

No período imediatamente anterior à desestatização, a antiga Telebras já iniciara um processo de aumento do investimento, de modo a criar condições mínimas para as concorrências que seriam abertas a partir de 1996 (Wohlers e Augusto, 1998). O aumento de 75% nos níveis de investimento da Telebras entre 1994 e 1996, mostrado no artigo citado, teria decorrido de uma estratégia do governo para promover uma transição do setor, com o intuito de expandir o sistema já em novo formato institucional. Pouco mais de 10 anos após as privatizações, um estudo mostrou o impacto da economia de escala gerado pela expansão da telefonia para os grupos que assumiram o controle das antigas estatais (Vendruscolo e Wickstrom Alves, 2009). O aumento da base de usuários teria possibilitado a redução dos custos e a consequente redução das tarifas, em comparação com o patamar de meados dos anos 1990.

Esse ganho possibilitou um gigantesco pulo de acesso à telefonia fixa. Em 1997, o processo de aquisição de uma linha fixa no Brasil exigia o cadastramento junto à empresa telefônica local e um tempo médio de espera de dois a três anos. A taxa para instalação superava os R$ 5.400,00, em valores atuais (nove vezes o salário mínimo da época). Esse valor seria reembolsado em ações da Telebras. O tempo de espera ainda movimentava um mercado paralelo de aluguel e vendas de linhas. Pagando entre R$ 6 mil e R$ 12 mil era possível conseguir uma linha em menos tempo. A redução do tempo de instalação consta no Plano de Universalização (Decreto nº 2.592/1998).[5]

Além do ganho de escala possibilitado pela forma como ocorreu a privatização da telefonia (investimentos da Telebras e Decreto nº 2.592/1998), as evoluções tecnológicas também tiveram impacto relevante sobre o custo de equipamentos e serviços de telefonia móvel e informática.

A partir de 2001, a chamada Banda C (3G) foi implementada no país, barateando drasticamente o custo de uso da banda de celular. Ainda no início dos anos 2000, a expansão da rede de cabos de televisão por assinatura e de fibra ótica permitiu a criação dos primeiros provedores de internet gratuitos de banda larga, o que significou um aumento na velocidade da internet nos lares brasileiros em até 10 vezes. Esse aumento inicialmente não foi refletido de forma igual em todas as classes sociais. Em 2010, o governo federal criou o Plano Nacional de Banda Larga (Decreto nº 7.175/2010), no qual foi assinado um termo de compromisso com as operadoras para criação de opções de até R$ 35,00 por mês para acesso de 1 Mbps.

A chamada Lei de Moore, conceito estabelecido pelo cofundador da Intel, Gordon Earl Moore, prevê que a capacidade de armazenamento dos computadores dobraria a cada 18 meses. O desenvolvimento da tecnologia nas últimas décadas permitiu testar a capacidade de inovação da indústria também em relação à transmissão de dados (o que foi possibilitado pela expansão da rede de fibra ótica) e, mais importante para os objetivos deste livro, ao custo de acesso a essas tecnologias.

---

[5] Informações disponíveis em: https://br.reuters.com/article/companyNews/idBRN22413919-200807>. Acesso em: 23 abr. 2018.

A combinação de investimento em massificação e escala, e políticas públicas direcionadas, como o Decreto nº 7.175/2010, fizeram o preço médio da banda larga fixa cair 71% em seis anos, entre 2009 e 2015, segundo a Anatel. Usando o número de consumidores, a velocidade contratada, a taxa de transferência de dados e a receita das operadoras, a agência chegou ao valor de R$ 5,98 por megabyte por segundo (Mbps) em 2015 *versus* R$ 21,18 em 2010. Apenas entre 2014 e 2015 a queda foi de 15,5%.[6]

Além do barateamento da infraestrutura, decorrente das privatizações, ganho de escala e desenvolvimento das redes de banda larga e de telefonia digital, os últimos 21 anos foram marcados pela redução no preço de aparelhos de acesso a telecomunicações. Para se ter uma ideia do quanto reduziu o custo de um microcomputador ao longo de um processo de aumento de capacidade de processamento, o primeiro disco magnético da IBM, de 1956, tinha capacidade de 5 megabytes, e custaria, hoje, mais de US$ 250 mil (Taurion, 2015). No intervalo sobre o qual este livro se concentra, podemos destacar o Apple 486 com 4 megabytes de memória RAM, lançado em 1994, a um custo de R$ 12.283,00 em valores de 2018. O primeiro aparelho celular pré-pago do país, o Baby Telesp Celular, de 1999, foi lançado a R$ 2.821,40 em valores atuais.[7] Na época, o valor significava mais de quatro vezes o valor do salário mínimo. Um Samsung Galaxy J5, que figura como um dos celulares mais vendidos no Brasil em 2018, custa cerca de R$ 650,00 — 68% do salário mínimo atual.

A organização da sociedade civil no processo de regulamentação da internet

Algumas iniciativas da sociedade civil em conjunto com o governo foram muito importantes para o desenvolvimento da internet no país. No dia 31 de maio de 1995, a publicação da Portaria Interministerial nº 147 convergiu os esforços de desenvolvimento da rede no Brasil propostos pela comu-

---

[6] Disponível em: <http://g1.globo.com/tecnologia/noticia/2016/06/preco-da-banda-larga-fixa-cai-71-em-6-anos-diz-anatel.html>. Acesso em: 23 abr. 2018.
[7] Informações disponíveis em: <https://tecnologia.uol.com.br/album/2012/10/30/conheca-quanto-custavam-antigamente-celulares-pcs-notebooks-e-windows.htm#fotoNav=13>. Acesso em: 23 abr. 2018.

nidade científica e tecnológica, terceiro setor, comunidade empresarial e governo. A portaria definiu a criação do Comitê Gestor da Internet (CGI) para coordenar e integrar todas as iniciativas de serviços da internet no país, promovendo a qualidade técnica, a inovação e a disseminação dos serviços ofertados. Esse órgão é composto por 21 representantes de distintos setores da sociedade que se reúnem mensalmente para definir questões relativas à internet no Brasil.

Posteriormente, em 2005, o CGI cria o Núcleo de Informação e Coordenação do Ponto Br (NIC), um orgão executivo criado para implementar as decisões e os projetos do CGI no Brasil. O NIC administra os registros de domínio no país além de coordenar a realização de estudos como o TIC Domicílios, Tic Educação e Tic Empresas que ajudam no diagnóstico da evolução das tecnologias de informação e comunicação no país (que basearam muitos dos dados neste capítulo).

Já em 2009, a partir de um documento inicial proposto pelo CGI, inicia-se o debate sobre o marco civil da internet, que culmina com a aprovação do Projeto de Lei em 2014 no Congresso Nacional. O Marco Civil (Lei nº 12.965/2014) teve por objetivo estabelecer princípios, garantias, direitos e deveres para o uso da internet, cujo acesso é considerado um direito do cidadão. Sua criação teve grande importância na regulação das relações digitais, especialmente no que tange aos temas de:

- inclusão digital;
- exigência de neutralidade da rede, evitando, assim, a discriminação da informação;
- proteção à intimidade e ao sigilo dos dados, inclusive com a exigência de consentimento expresso do usuário para a coleta, o uso, o armazenamento e o tratamento de dados pessoais;
- garantia da liberdade de expressão, como fundamento do uso da internet no Brasil.

Todas essas iniciativas da sociedade civil em conjunto com o governo foram importantes para levar o acesso à internet a preços acessíveis e com políticas de equidade para toda a população.

O Brasil CDE impulsiona a inovação: os pré-pagos, o celular com dois chips e o Orkut

Em 1999, a operadora Telesp Celular lança o primeiro serviço pré-pago de celulares no país. A aceitação foi tão rápida que o número de contas dobrou naquele ano, indo de 7,4 para 15 milhões de linhas telefônicas de celulares. O crescimento do sistema pré-pago foi tão grande que ele chegou a representar quase 90% dos serviços em 2010. A principal razão para o sucesso dessa modalidade era a dificuldade de as famílias de baixa renda terem uma fonte de renda formal regular — a maioria preferia colocar créditos por demanda a ter uma despesa fixa recorrente.

Em 2007, uma decisão da Anatel beneficiou a concorrência entre as operadoras de telefonia nesse período, já com um enfoque em celulares. A Resolução nº 460, emitida pela reguladora em 19 de março de 2007, obrigou as empresas de telecomunicações a permitirem a portabilidade do número de telefone. Isso significou a possibilidade de o consumidor transferir sua linha para uma empresa concorrente, sem o custo não monetário da perda do número. No entanto, essa decisão não teve um rápido impacto em redução de custos (Brandes, 2009). Um empecilho para a conversão da regulação em queda no preço era a existência de aparelhos bloqueados, que funcionavam apenas com um chip da operadora responsável pela venda do telefone. No ano de 2010 a Anatel aprovou o desbloqueio gratuito dos aparelhos pelas operadoras, possibilitando um aumento de concorrência entre as empresas.

Como o custo de uma ligação para a mesma operadora é normalmente mais barato, havia uma demanda pela possibilidade de se ter mais de um chip. Nesse período, era comum que pessoas possuíssem mais de um aparelho — ou que ficassem presas à operadora inicial. Até que o mercado informal trouxe uma novidade: os vendedores de rua e camelôs foram invadidos por equipamentos chineses com capacidade para dois, três ou até mesmo quatro chips. A aceitação foi tão rápida que os fabricantes nacionais perceberam a necessidade de se adaptar e também lançaram aparelhos com mais de um chip.

Após atingir o ápice de participação em 2010, os celulares pré-pagos vêm perdendo espaço para os pós-pagos ano após ano. Essa mudança é atribuída à disseminação de aplicativos de comunicação como o WhatsApp, que fizeram com que a banda de internet fosse o principal meio utilizado para comunicação por voz, substituindo as linhas telefônicas. Esse uso reduz a necessidade de as pessoas possuírem diversos chips e a gestão que faziam das operadoras de seus conhecidos. Bastaria, portanto, um chip para se comunicarem com todas as operadoras sem custos adicionais.

Outro caso que demonstra o interesse pelos brasileiros de menor renda pelo universo digital é o fenômeno Orkut.[8] A rede social foi lançada em 2004 e adotada em larga escala nos Estados Unidos, quando possuía mais de 40 milhões de usuários. Porém, usuários do Brasil começaram a se cadastrar massivamente na rede e acabaram se tornando a maioria dos usuários em junho de 2014 (veja gráfico 7). Algumas explicações para este rápido crescimento foram o "caráter relacional dos brasileiros" e até mesmo uma competição lançada pelos usuários do Brasil para tornarem o país líder da rede e o português a língua "mais falada no Orkut" (Fragoso, 2006).

Brasileiros de todas as classes sociais começavam a descobrir o potencial da internet para reencontrar antigos amigos e formar grupos de discussão. Porém, os convites indiscriminados para que qualquer pessoa se tornasse amigo e o grande numero de discussões agressivas na rede acabaram por associar o Orkut a um fenômeno de "popularização" da rede social.

Quando o Orkut começou a perder usuários e foi substituído por outras redes sociais, o termo "orkutização" ficou associado a estereótipos ligados a preconceito às classes de menor renda, sendo a rede social até mesmo chamada por alguns de a "favela da internet".[9] Esse neologismo foi usado em tom de "denúncia" a uma inclusão digital de pessoas "sem gosto". A existência da palavra e seus significados simbólicos explicitam esse processo de entrada de um novo público no meio digital.[10] Esse caso

---

[8] Para mais informações sobre a expansão das redes sociais no Brasil, em especial o Orkut, ver Spyer (2007).
[9] CRUZ, Ruleandson do Carmo. Preconceito social na Internet: a reprodução de preconceitos e desigualdades sociais a partir da análise de sites de redes sociais. *Perspect. ciênc. inf.*, Belo Horizonte, v. 17, n. 3, p. 121-136, set. 2012. Disponível em <http://www.scielo.br/scielo.php?script=sci_arttext&pid=S1413-99362012000300009&lng=en&nrm=iso>. Acesso em: 07 maio 2018, e <http://dx.doi.org/10.1590/S1413-99362012000300009>.
[10] SPYER, Juliano (2017). Social Media in Emergent Brazil. UCL Press.

GRÁFICO 7. **Número de usuários do Orkut por país**

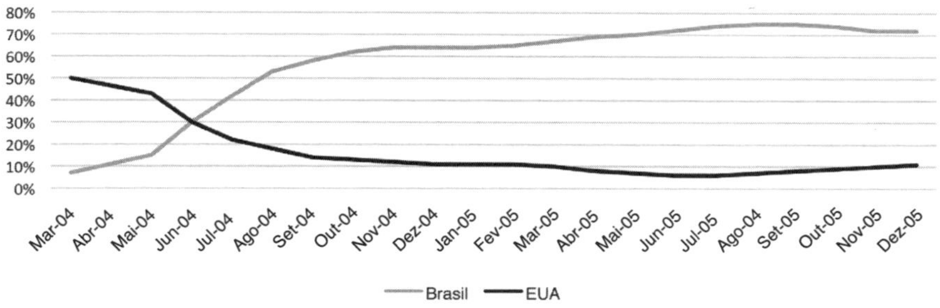

[Gráfico de linhas mostrando porcentagem de usuários do Orkut de Mar-04 a Dez-05, comparando Brasil e EUA. Brasil começa em ~50%, cai para ~10%; EUA começa em ~10% e sobe para ~70%.]

Brasil ———— EUA

Fonte: Fragoso (2006).

demonstra como o ambiente da internet reproduz os preconceitos de classe arraigados "fora da internet" no país e também um enorme desejo das classes mais baixas de participação no mundo digital. Era, para os grupos já digitalizados antes da ascensão do Orkut, como se o *digital divide* de repente parecesse muito pequeno.

Mais recentemente, após a extinção do Orkut, uma nova rede cresce, com grande participação das classes CDE. O Youtube domina o tráfego de usuários hoje no Brasil, e vídeos produzidos por e para brasileiros constantemente alcançam posições de destaque na audiência do site. Chama a atenção que muitos dos vídeos de maior impacto sejam ao menos parcialmente direcionados ao público jovem CDE. Além de videoclipes de artistas que estejam no auge, há uma geração de *youtubers* voltada para discutir temas do dia a dia das classes médias e baixas no Brasil. O vídeo mais visto no Brasil em 2017 pertencia ao blogueiro Whindersson Nunes, e se chama *Cansei de ser pobre*.[11] Em 2018, o canal de Youtube do produtor de músicas funk Kondzilla tornou-se a página com mais seguidores em todo o mundo, demonstrando a força e o interesse das classes CDE pelo consumo de cultura via meios digitais. O acesso ao Youtube pelas classes CDE teve aumento de 60% nos seis anos entre 2010 e 2016.

---

[11] Ver: <http://gizmodo.uol.com.br/youtube-rewind-2017/>. Acesso em: 23 abr. 2018.

GRÁFICO 8. **Costuma assistir a filmes ou vídeos em plataformas online (Youtube)**

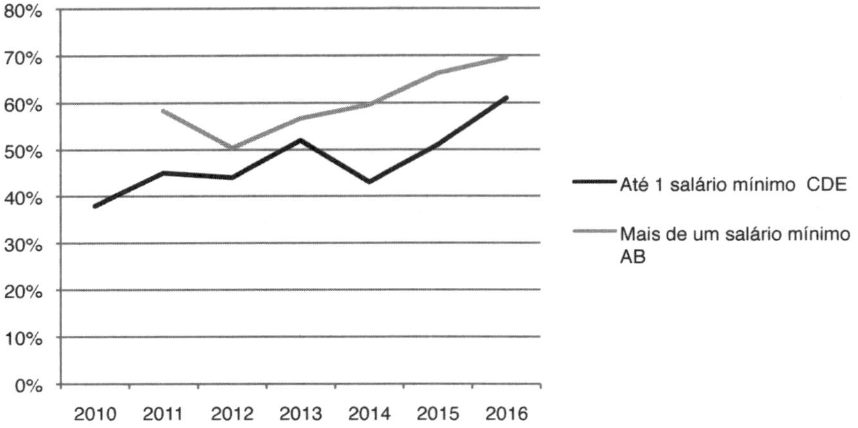

[Gráfico de linhas mostrando duas séries de 2010 a 2016: "Até 1 salário mínimo CDE" partindo de ~38% em 2010 e chegando a ~61% em 2016; "Mais de um salário mínimo AB" partindo de ~58% em 2010 e chegando a ~70% em 2016.]

Fonte: Cetic.

Os casos dos celulares pré-pagos, aparelhos com múltiplos chips, o rápido crescimento da rede social Orkut e a liderança de Kondzilla no Youtube mundial demonstram o interesse das classes CDE pela internet. Todos estes movimentos podem ser considerados casos de inovação reversa no Brasil: processos de inovação movidos por necessidades e desejos da população da base da pirâmide social. Inovações que possibilitaram um aumento de acesso e tiveram grandes impactos no dia a dia dessa população.

Em suma, a imensa inclusão dos brasileiros da base da pirâmide em tecnologias de telecomunicações ocorreu em duas frentes: aumento da infraestrutura (e consequente redução de custos) e inovações tecnológicas nos *hardwares*. A infraestrutura começou a ser universalizada pouco antes, e como parte do processo, da privatização da telefonia. O Decreto nº 2.592/1998, que estabeleceu um plano de metas de universalização do acesso, tem papel importante em como se desenvolveu o investimento privado em telefonia. Além disso, inovações tecnológicas como a fibra ótica e políticas públicas como o Plano Nacional da Banda Larga pressionaram para baixo os preços de acesso à internet em alta velocidade. Do ponto de vista do hardware, o setor de telefonia é visto como a vanguarda da indústria de tecnologia desde o lançamento do primeiro iPhone, em 2007. Essas inovações ajudaram a baratear o preço de smartphones e microcomputadores, permitindo um acesso mais generalizado pelas classes CDE.

Apesar de ainda haver um longo caminho até fecharmos o *digital divide* que torna desiguais o acesso e o uso de bens digitais, já é possível mapear como a inclusão digital trouxe melhoras no dia a dia dos lares da base da pirâmide, como veremos a seguir.

3. Os efeitos na vida das famílias — casos de campo

Tecnologias digitais levando acesso a necessidades não atendidas das classes CDE

Em estudos realizados pelo Instituto Plano CDE[12] analisamos barreiras transversais que impactam o acesso a serviços e empregos para a população CDE. A grande maioria dessas famílias vive em bairros com acesso limitado a serviços de educação extracurricular, serviços financeiros como bancos e opções de lazer. O custo do transporte para acessar esses serviços é relevante para essas famílias. Finalmente, a ampliação da violência em todo o país amplifica essas barreiras de acesso, pois as famílias têm que acompanhar crianças e jovens, com receio de deixá-los transitar sozinhos pelas cidades. Essa conjunção de fatores — falta de oferta de serviços nos bairros, transporte caro e violência — faz com que as possibilidades de acesso a serviços e lazer via meios digitais amplifiquem as opções de educação, lazer e até mesmo geração de renda para essas famílias.

Nos três casos que serão apresentados, buscaremos ilustrar de que forma as famílias CDE têm lidado com essas questões a partir do uso das telecomunicações. No primeiro caso, temos uma jovem que utiliza a internet em casa como ferramenta de lazer, dentro de um contexto de alta vulnerabilidade social devido à violência no bairro. Assim, a presença da internet garante opções de lazer seguras dentro de casa. No segundo caso, temos um empreendedor que utiliza os meios digitais, como celular e internet, para gerenciar as vendas de seu negócio. Por fim, apresentamos o caso de uma estudante que conseguiu uma vaga em uma universidade depois de

---

[12] Disponível em: <www.omidyar.com/improving-education-in-brazil>.

estudar em casa utilizando ferramentas digitais. Esses são apenas alguns exemplos das transformações ocorridas na vida das populações CDE após o advento da tecnologia.

Caso 1: Internet como elemento garantidor de lazer e segurança dentro de casa, Cláudia, 19 anos

Cláudia tem 19 anos e mora com sua família em um bairro periférico na zona sul da cidade de São Paulo. Na sua casa moram seus pais e seus dois irmãos (13 e 22 anos), mas na verdade seu domicílio integra uma rede de parentes que moram próximos: embaixo de sua casa moram seus avós e, ao fundo do quintal, seus tios e primos.

Ela terminou a escola em 2016 e desde então está desempregada. Disse que já "cansou" de enviar currículos e apresenta sinais de cansaço ao falar sobre o assunto. Mesmo após inúmeras buscas em sites de emprego, currículos enviados e algumas entrevistas, ainda não conseguiu trabalho. Ou, quando aparece, é muito longe, o que inviabiliza sua logística.

Segundo ela, sua rotina se divide entre os cuidados com a casa e "bastante tempo livre": "como eu estou desempregada, eu acordo e fico em casa, fico mexendo no celular, assisto um filme, fico mandando currículo... só que já mandei tanto que já desanimei [...] tempo livre tenho até demais, até cansa às vezes". No último ano também chegou a fazer alguns cursos, um de informática (feito em uma escola particular, onde aprendeu a mexer em ferramentas como pacote Office) e um de recepcionista (gratuito, feito em uma escola ligada ao governo). Esporadicamente, trabalha como atendente em uma loja que aluga bicicletas, mas o último trabalho foi há pelo menos seis meses. De vez em quando ganha algum dinheiro da mãe ou da avó, de quem cuida do cabelo. Assim, em troca dos serviços de tintura e corte, recebe um pagamento que lhe permite comprar algumas coisas para si.

Esta é a mesma situação de seu irmão mais velho, de 22 anos. Após terminar o ensino médio, o jovem segue em busca de seu primeiro emprego. Porém, apresenta maiores sinais de desalento e, segundo Cláudia, "quase não procura mais". Atualmente, passa o dia em casa assistindo filmes e mexendo no celular. Seu irmão mais novo, 13 anos, estuda em uma escola pública no bairro. Ambos os pais trabalham com registro em carteira: sua mãe é atendente de telemarketing e seu pai é cobrador de ônibus.

A rotina da casa pouco se altera aos finais de semana, diz que costuma ficar em casa realizando tarefas domésticas e de vez em quando faz alguma atividade de lazer: as mais comuns são ir à piscina do CEU, ao shopping, à pracinha local e comer em restaurantes. Como seu bairro não tem muitas opções de lazer, acaba pegando o carro da família para frequentar esses espaços, que são fora da comunidade. Também frequenta a casa de parentes e a igreja evangélica Encontro com Deus, cujo pastor é amigo da família. Cláudia afirma que manteve pouco contato com as antigas amigas da escola, que estão todas casadas e com filhos. Assim, segue procurando trabalho, com a esperança de melhorar de vida.

De forma geral, sua vida é bastante restrita à sua casa e aos locais mais próximos do bairro. Uma das razões é a violência presente em seu dia a dia: existe um ponto de tráfico na rua da sua casa, com a presença ostensiva de traficantes e usuários de drogas. Com isso, é comum ficarem em casa durante o dia e, especialmente, à noite. Tem medo de sair na rua e sua mãe não deixa que circule livremente pelo bairro:

> aqui é um pouco perigoso, aqui embaixo na rua tem uma biqueira, a gente não conhece as pessoas, sempre tem gente nova, tem uns caras lá. Eu fico com medo de passar, eles não mexem, mas vai saber. Passa polícia direto, a gente tem medo de ter tiroteio. Já teve um tiroteio, uma vez veio um pessoal roubar por aqui e os policiais descobriram, ficaram com o helicóptero rodando, rodando... eles se esconderam na casa da vizinha, choveu de polícia, era Rota. Começaram a investigar todas as casas, um deles se escondeu na casa do lado. O outro se escondeu na costureira, e ela ficou em choque, a polícia procurando e ele falou pra ela que se contasse ele a matava. Esse ninguém descobriu.

Em outra passagem, narra outro episódio: "não faz nem um ano, teve tiroteio entre a polícia e um cara, a polícia matou o cara de tiro, teve que fechar a rua até pegarem o corpo". No bairro impera uma sensação constante de insegurança: "você nunca sabe se está segura, a qualquer momento pode acontecer alguma coisa".

Ela tem vontade de mudar de bairro, mas acha difícil porque toda sua família está vinculada a ele. Na verdade, a casa atual foi construída pelos seus avós, que moravam de aluguel em outro bairro antes de comprarem o terreno onde todos moram. Foi com muito esforço que conseguiram construir a casa própria, que com o passar dos anos foi se expandindo para atender as necessidades da família que crescia. Assim, ela só conseguiria mudar de bairro se conseguisse um trabalho que lhe permitisse pagar um aluguel.

Em um contexto como esse, uma das estratégias mais comuns entre as famílias de baixa renda é investir bastante em lazer em casa, hoje em dia proporcionado principalmente pelos meios digitais. Assim, a família diz que, apesar da dificuldade de pagar as contas, se esforçam para manter o acesso à internet na casa, que custa R$ 50,00 mensais. Eles possuem um computador de mesa e duas televisões, além de cada membro da casa possuir um celular.

Sua principal atividade é ficar no celular, o qual usa para se comunicar com amigos e parentes, assistir vídeos no Youtube, ouvir música, pesquisar novidades sobre artistas e novelas e acessar redes sociais. Além disso, utiliza o computador para procurar trabalho e enviar currículos. Por fim, costuma fazer compras pela internet: além de ser mais barato, evita a obrigação de sair de casa, que, como visto, demanda a criação de uma logística relacionada com a segurança. Assim, para a família a internet é fundamental: "acho que ficou mais fácil a comunicação, dá para falar com pessoas que estão em outro lugar, se quer saber de alguma coisa já dá para ver na internet. Antes tinha que pesquisar em jornal, hoje é tudo mais rápido". Já sua mãe, Elenice, que viveu boa parte da vida sem internet, ressalta a expansão de mundo representada pelo advento da rede:

> antigamente a gente vivia naquele mundinho, não tinha como ver as notícias, via tudo pela televisão. Depois que a gente adquiriu a internet, eu acho que melhorou bastante, a gente pode fazer várias pesquisas, pagamento, compras online, mais informações. Depois que colocamos, foi uma novidade, foi genial.

Seu maior sonho é arranjar um emprego. Depois quer construir uma família e ter uma casa própria. Os estudos estão dentro de seus planos, quer fazer uma faculdade de enfermagem, inspirada desde criança pela ideia de cuidar do próximo. Porém, ainda não começou a fazer pesquisas porque precisa de um emprego para pagar o curso. Assim, sua principal meta no momento é conseguir algum emprego fixo.

O caso de Cláudia ilustra o papel que a internet possui em comunidades vulneráveis, permeadas por problemas de segurança urbana. Em tais contextos, a presença de internet em casa garante o lazer e a segurança da família, que consegue evitar o contato com a violência. Também permite o acesso a maiores oportunidades de trabalho e informação, além de apoiar a escolarização dos que ainda estudam.

Caso 2: Celular e internet como ferramenta de trabalho, Saulo, 42 anos

"O celular é o dia inteiro, não para de tocar. As pessoas me ligam no zap [WhatsApp], pedem pra entregar à noite, aí eu vou." Saulo trabalha como vendedor autônomo de ovos numa comunidade, compra ovos de um distribuidor e revende na vizinhança com o apoio do carro próprio. Sua esposa trabalha como recepcionista de uma clínica de saúde. Já o filho possui uma rotina com muitas atividades, já que frequenta duas escolas, a pública do bairro e uma escola particular. Por trabalharem fora, os pais procuraram uma escola integral onde pudessem deixá-lo, mas sem sucesso. Assim, optaram por matricular o filho em duas instituições, onde consegue cumprir o período integral. Pagam cerca de R$ 300,00 mensais na escolinha e mais R$ 120,00 para a perua que o leva de uma para outra.

É no segundo andar de uma casa de alvenaria, a chamada "laje", que moram Saulo (42), sua esposa (38), grávida de três meses, e o filho de cinco anos. Natural de um bairro vizinho, mudou-se para o bairro atual depois que se casou. A casa é da família da esposa e eles não pagam aluguel, mas não consideram que possuem casa própria. Segundo sua esposa, "essa casa era da minha mãe, ela ganhou um apartamento no CDHU e deixou aqui fechado, aí logo que casamos a gente mudou para cá". Pretendem reformar o imóvel, atualmente de três cômodos, e construir mais um quarto para os filhos.

Eles são moradores de um bairro periférico na zona norte da cidade de São Paulo, próximo a uma região de mananciais. Segundo ele, o bairro "já foi melhor": "antigamente era mais tranquilo, hoje tem um monte de noia [usuários de droga] que acha que é bandido. Pra você ter uma ideia, aqui não entra nem Uber, porque os moleques roubam". Sua esposa relata um dia a dia permeado por negociações com outros atores da comunidade, como os traficantes e os funkeiros: "agora com essa modinha de funk ficou mais difícil, quanto tem baile funk ninguém dorme. De sexta pra sábado, quando eu tenho que trabalhar, eu vou dormir na minha mãe". É por causa disso que Saulo pretende mudar seu filho para a escola do bairro vizinho, que afirma ser "mais segura": "aqui em cima [na escola do bairro] meu filho não vai estudar, aqui não dá não. Meu filho quase não fala palavrão, mas aqui ele fala. A escola aqui é difícil, tem uma boca [ponto de venda de droga] na porta".

Apesar das dificuldades, Saulo relata que nunca teve problemas em executar o seu trabalho, provavelmente devido ao fato de já ser morador antigo, ser um dos articuladores da comunidade e "ter bastante conhecimento dos bandidos", indicando um relacionamento cordial com eles. Está no ramo há um ano em meio, entrou devido a um amigo que o indicou. Antes, atuou como técnico de refrigeração, torneiro mecânico, pedreiro e ajudante geral, sempre com carteira de trabalho. Mas diz que prefere o trabalho atual: "gosto, eu conheço muitas pessoas, tem que trabalhar muito, mas estou me dando bem. E é meu, o dia que eu quero trabalhar eu trabalho, quando não quero, fico em casa [...] Não é estressante e não tenho chefe".

Sua rotina de trabalho começa às 6h da manhã, quando acorda e leva o filho na escola. Depois entra em seu carro e sai vendendo ovos pela comunidade. A forma como conseguiu acesso a seu principal instrumento de trabalho, seu carro, ilustra bem as fronteiras entre legalidades e ilegalidades que permeiam a vida social das periferias. Na verdade, o carro não possui documentos regularizados nem licença para rodar. Segundo ele, o veículo é fruto de um "rolo" que fez com um conhecido, em que trocou o notebook da família pelo carro de origem duvidosa. Por essa razão, ele não pode circular por regiões muito distantes da sua moradia, fazendo da comunidade local a sua freguesia.

Em um dia bom, afirma vender quase 2.500 ovos durante o horário de expediente, que vai até as 14hs. Depois volta para casa, almoça, realiza tarefas domésticas e, às vezes, sai para fazer mais entregas no fim da tarde.

Nesse contexto, a internet tem papel fundamental em seu negócio, pois é por meio do aplicativo WhatsApp que os clientes fazem os pedidos dos ovos. Para ele, a ferramenta mais importante é o celular: "o WhatsApp pra mim é tudo, sem isso aí eu estaria perdido. Porque a maioria das pessoas não tem crédito, as pessoas estão em casa e me ligam do wifi, ou mandam mensagem". Assim, é a partir do uso do celular e internet que ele consegue se comunicar com os clientes de seu negócio. Ele brinca com sua condição e chama seu empreendimento de "Uber do ovo", já que as pessoas pedem ovo pelo celular e o recebem no conforto de sua casa.

Em um contexto como esse, organizar o orçamento doméstico é um desafio. Além do dinheiro dos ovos, que garante cerca de R$ 1.500,00 à família, a única outra fonte de renda é o trabalho da esposa, que ganha R$ 1.100,00 mensais, totalizando R$ 2.600,00 de renda familiar. Assim, a maior parte do dinheiro advém de um trabalho informal e instável, sujeito a diversos tipos de flutuação: "por exemplo, se tiver chovendo eu não saio pra rua, porque as pessoas não atendem a porta, aí fico em casa". É por essa razão que Saulo paga regularmente o INSS, com o objetivo de se prevenir contra possíveis imprevistos:

> não é nem pra se aposentar, porque hoje em dia vai ser difícil se aposentar, mas é porque eu tenho filho e esposa, né? Eu trabalho em avenida, e se vem um carro e me pega? Se eu ficar com o pé quebrado, como eu trabalho? Então é por causa deles mesmo, você pagando você tem o auxílio-doença.

Outra estratégia é evitar o uso do cartão de crédito. Saulo disse que já teve problemas com cartão e que hoje prefere pagar tudo com dinheiro. No caso da esposa, ela usou o cartão de crédito da avó quando o marido perdeu o emprego e não conseguiu pagar a fatura. Fez negociação para parcelar a dívida e está pagando aos poucos. Hoje em dia, nem ela nem o marido usam cartões de crédito por medo de se endividarem novamente.

Para o futuro, querem realizar dois dos sonhos mais comuns entre os brasileiros: construir uma casa própria e ver os filhos se formando na faculdade. A família pretende comprar um terreno no bairro vizinho e iniciar a construção da casa em breve. Em relação à faculdade, ainda é um sonho distante, já que o filho ainda é pequeno.

Quando pensa em sua trajetória de vida, percebe grandes mudanças na vida que teve e na que seu filho possui. Para ele, a posse de bens de consumo é o elemento mais marcante:

> eu não tive muitas regalias igual meu filho tem agora. Eu tinha um primo que trabalhava em uma editora então eu pegava tudo dele, roupa velha, era tudo dele. Meu pai bebia, perdeu tudo. Aí eu tinha tudo dos meus primos. Hoje graças a deus a gente não passa necessidade, graças a Deus tenho força pra trabalhar, tudo o que ele quer ele tem, tênis, roupa, tudo o que eu não pude ter ele tem, Nike, Adidas, tênis de 300 paus. Tem bicicleta. Temos dois carros... Não falta nada pra gente.

Em resumo, esta história ilustra a forma pela qual uma parte das famílias das classes CDE utiliza a internet como ferramenta de trabalho. Com o advento das novas tecnologias, a comunicação, elemento essencial dos pequenos empreendimentos, se tornou mais fácil e permitiu o acesso a melhores condições de vida para milhões de pessoas.

Caso 3: Internet como ferramenta de estudos, Carolina, 18 anos

Carolina, 18 anos, mora em uma casa própria com a família no extremo leste da cidade de São Paulo. Em sua casa moram sua mãe (38), seu padrasto (39) e seu irmão mais novo (sete). Ela também possui uma irmã de 20 anos, que mora com o namorado no mesmo bairro, e mantém contato frequente com o pai, também morador da mesma região.

Sua mãe é dona de casa, atualmente se dedicando aos cuidados da casa e dos filhos, e seu padrasto é analista de RH de uma empresa, trabalha registrado. Seu irmão estuda em uma escola pública próxima à casa. Juntando o salário do padrasto e a pensão recebida do pai, a renda familiar é de cerca de R$ 3.600,00 mensais.

Ela caracteriza seu bairro como um local "tranquilo". Próximo ao estádio do time de futebol Corinthians, as ruas são tomadas por bandeiras do time preferido da comunidade, que enfeitam as janelas, bares e carros da região. Ela gosta de onde mora e diz que "tem de tudo": "eu acho bom, é próximo do trem, tem tudo aqui, tem posto de saúde, hospital, shopping, escolas, Etecs".

Carolina faz faculdade de engenharia de produção em uma universidade privada, está no primeiro ano. Por meio do programa de bolsas ProUni, conseguiu uma bolsa de estudos de 100% e atualmente não paga para estudar. Como muitos jovens, Carolina também está à procura de trabalho, quer atuar como auxiliar administrativa ou aprendiz em alguma empresa. Enquanto não consegue a tão sonhada vaga, sua rotina se divide entre os cuidados com a casa durante o dia e a faculdade à noite. Como a universidade fica a 21 km da sua casa, ela costuma sair com algumas horas de antecedência para conseguir chegar a tempo. Aos finais de semana costuma se divertir na casa de parentes ou ir ao shopping com a família ou amigos. Diz que é caseira e gosta mesmo é de ficar em casa descansando ou estudando.

Ela optou pelo curso porque já se interessava pela área. Além de ser uma estudante ávida de exatas, fez um curso técnico de edificações junto com o ensino médio que lhe abriu caminho para a área de engenharia. Após pesquisar bastante e conversar com amigos, optou pela engenharia de produção.

Ela narra um longo investimento, por parte da família, na escolarização dos filhos: além de incentivar os filhos a continuar estudando, a família também se dispunha a garantir a renda da casa para que ela pudesse se dedicar apenas aos estudos. Assim, ao contrário de muitos jovens de sua idade, Carolina não precisou trabalhar ao longo de sua adolescência. Além disso, fizeram uma opção pela escola técnica mesmo tendo que refazer o primeiro ano do ensino médio. "A escola do fundamental era pública e era aqui no bairro, mas era bem ruim, a educação não era boa, parecia que eu não estava aprendendo. Tanto que eu tive que estudar em casa pra passar na Etec." Ela chegou a cursar o primeiro ano do ensino médio na escola regular, mas não se adaptou e decidiu prestar Etec. Passou, mas teve que fazer o primeiro ano novamente: "Fiz isso porque queria ter um ensino médio melhor e fazer o curso técnico [...]. A Etec o ensino era muito bom, eu já entrei apanhando em matemática e física, não sabia nada. Isso que eu já tinha feito um ano inteiro".

A rotina da escola técnica era bastante demandante, já que estudava em período integral. Define a escola como "puxada": "tinha muito trabalho, teve aula de informática, aprendemos a mexer no Autocad, tinha vários projetos. Eu gostava da escola". Durante o último ano do ensino médio, sua rotina se dividia entre as atividades da escola, durante a semana, e os estudos voltados para o vestibular, realizados aos finais de semana. Nesse momento, a internet teve um papel fundamental em sua vida.

Carolina decidiu prestar o Exame Nacional do Ensino Médio (Enem) para tentar uma vaga em alguma universidade federal ou nas particulares que aceitam o teste. Como se trata do maior exame nacional em vigência do país, há muito material disponível na internet. Ela estudava majoritariamente pelo notebook. Diz que até tentou estudar pelo celular, mas a tela era muito pequena e ficava incomodada. Mas usava o celular para pequenas leituras e para fazer testes rápidos de conhecimento. Assim, ela se baseou em sites como Youtube, Descomplica, Me Salva e Geekie Games para estudar para a prova, já que sua família não possuía recursos para pagar um cursinho particular.

Seu método era o seguinte: escolhia uma disciplina para estudar (exemplo: matemática) e digitava "matemática Enem" na barra de buscas do Google. Com isso já vinham centenas de sites com os principais conteúdos exigidos na prova. Alguns sites possuíam até "trilhas" de estudos, ou seja, caminhos temáticos que indicavam para os alunos quais os conteúdos mais relevantes. Ela acha que esse modelo de trilha é "até melhor que cursinho, porque você pode escolher o que quer estudar com mais ênfase". Outra estratégia era realizar simulados presenciais em cursinhos pré-vestibulares de sua região. Ela estudava até nas redes sociais: foi no Facebook que descobriu um grupo que postava redações do Enem e seus membros corrigiam uns aos outros. O resultado? Aprovação em uma faculdade particular com 100% de bolsa de estudos pelo sistema ProUni.

Para ela, a internet foi um elemento muito importante para seus estudos:

> a internet me ajudou com tudo, principalmente o conteúdo do Enem. O que mais tem hoje são estudos focados no Enem, né? Acho que, se eu não tivesse tido internet, teria que ir para a biblioteca ou fazer um cursinho, porque sem uma base não dá. Mas acho que eu não teria passado, a internet foi crucial.

Para além do vestibular, a rede também tem um papel importante na sua escolarização atual, já que boa parte dos trabalhos da faculdade é feita com a ajuda da internet. Além disso, algumas matérias têm um formato "híbrido", ou seja, têm parte da carga horária a ser realizada a distância, em formato de videoaulas. Apesar de ter bastante familiaridade com o uso de computadores, afirma que acha mais difícil seguir o curso nesse formato, e que preferiria que todas as aulas fossem presenciais. Isso indica a dificuldade, ainda presente nas universidades, de integrar conteúdos online à dinâmica de sala de aula.

Para o futuro, Carolina pretende continuar estudando, conseguir um bom emprego em um banco e formar uma família. Também quer entrar em um curso de inglês, pois sente que é importante para o trabalho como engenheira. Quando olha para sua trajetória educacional, fala com alegria que "a escola sempre foi tudo pra mim, eu só estudei, então o papel da escola sempre foi a minha vida. Eu gosto de saber que eu estudei, me dediquei... eu me sinto realizada pelos estudos".

Em resumo, o caso de Carolina ilustra como as novas tecnologias estão apoiando milhões de jovens na busca de seus objetivos profissionais e de escolarização. De fato, nos últimos anos houve uma proliferação de sites, aplicativos, cursos, trilhas, materiais didáticos e games que têm como objetivo apoiar a educação de crianças, jovens e adultos. Assim, com o apoio de ferramentas digitais, cada vez mais pessoas estão conseguindo realizar seus sonhos de continuar estudando, como no caso da família de Carolina.

4. Desafios para o futuro

a. Ampliação dos serviços de internet: internet como necessidade básica

Apesar da inclusão digital vista nos últimos 20 anos, ainda existe um *digital divide* de acesso à internet e telefonia entre as classes sociais. O *gap* de inclusão digital inclui também elementos regionais e etários. Pode-se pensar a inclusão digital em duas frentes. Do lado da oferta, é essencial uma melhora na infraestrutura de conectividade, com os governos atuando para ampliar a oferta para as populações mais vulneráveis. O principal momento de queda nos preços de acesso a telecomunicações ocorreu imediatamente após as privatizações, o que demonstra que a regulação do mercado e o incentivo a investimentos privados também podem ser alavancas de ampliação de cobertura à internet mais barata e em maior velocidade.

b. Desenvolver usos de trabalho e estudo em meios digitais

Além da infraestrutura, do lado da oferta, o *digital divide* é expresso nos usos feitos da internet por pessoas das diferentes classes sociais. Como vimos, diversos estudos mostram um menor uso para trabalho e educação entre grupos de menor renda, ou que acessam a internet apenas pelo telefone celular. Uma das causas é a diferença de capacidade dos computadores em relação aos smartphones. Melhorar a infraestrutura digital é um passo, mas construção de conteúdos específicos para o ambiente mobile, especialmente conteúdos relacionados com geração de renda, conectividade no trabalho e educação, pode melhorar a mitigar os efeitos das desigualdades de acesso. Além de vídeos, é necessário pensar em como melhorar as plataformas mobile de internet banking, e-commerce, além de serviços públicos.

c. Internet nas escolas

Atualmente, jovens como a Carolina, que apresentamos anteriormente, dependem de seu próprio esforço e conhecimento para acessar as diversas plataformas de ensino online, seja via buscas ativas no Google, ou em páginas no Facebook ou Youtube dedicadas à preparação para o Enem. Melhorar o acesso à banda larga nas escolas é crucial para que todo esse conteúdo de educação produzido e disponibilizado gratuitamente seja difundido. Secretarias de Educação e editoras de livros didáticos podem incluir um *hub* de vídeos e outros conteúdos como parte do material escolar.

REFERÊNCIAS

BRANDES, G. de C. *Comportamento do consumidor brasileiro de telefonia móvel diante da portabilidade numérica*: uma análise a partir da perspectiva dos especialistas do setor de telecomunicações. Dissertação (mestrado) — Centro Tecnológico, Universidade Federal Fluminense, Niterói, 2009. Disponível em <www.bdtd.ndc.uff.br/tde_arquivos/14/TDE-2011-08-02T150252Z-3038/Publico/Dissertacao%20%20Gustavo%20Brantes.pdf>. Acesso em: 3 maio 2018.

CRUZ, R. do C. Preconceito social na internet: a reprodução de preconceitos e desigualdades sociais a partir da análise de sites de redes sociais. *Perspect. Ciênc. Inf.*, Belo Horizonte, v. 17, n. 3, p. 121-136, set. 2012. Disponível em: <www.scielo.br/scielo.php?script=sci_arttext&pid=S1413-99362012000300009&lng=en&nrm=iso>. Acesso em: 7 maio 2018.

FRAGOSO, S. Eu odeio quem odeia... Considerações sobre o comportamento dos usuários brasileiros na 'tomada' do Orkut. *Revista da Associação Nacional dos Programas de Pós-Graduação em Comunicação*, v. 22, n. 22, ago. 2006. Disponível em: <www.e--compos.org.br/e-compos/article/viewFile/89/89>. Acesso em: 7 maio 2018.

NAPOLI, P. M.; OBAR, J. A. The emerging mobile internet underclass: a critique of mobile internet access. *The Information Society*, v. 30, n. 5, 323-334, 2014. Disponível em: <https://doi.org/10.1080/01972243.2014.944726>. Acesso em: 3 maio 2018.

OCDE. Pisa in Focus. *Are there differences in how advantage and disadvantaged students use the internet?* 2015. Disponível em: <https://read.oecd-ilibrary.org/education/are-there-differences-in-how-advantaged-and-disadvantaged-students-use-the--internet_5jlv8zq6hw43-en#page1>. Acesso em: 3 maio 2018.

RICE, R. E.; KATZ, J. E. Comparing internet and mobile phone usage: digital divides of usage, adoption, and dropouts. *Telecommunications Policy*, v. 27, n. 8-9, p. 597-623, 2003.

SPYER, J. *Conectado*: o que a internet fez com você e o que você pode fazer com ela. Rio de Janeiro: Jorge Zahar, 2007.

____. *Social media in emergent Brazil*. Londres: UCL Press, 2017.

TAURION, C. *Tecnologias emergentes*: mudança de atitude e diferenciais competitivos nas empresas. São Paulo: Évora, 2015.

VENDRUSCOLO, M. I.; WICKSTROM ALVES, T. Estudo da economia de escala do setor de telecomunicações móveis do Brasil pós-privatizações. *Rev. Contab. Financ.*, São Paulo, v. 20, n. 49, p. 63-78, abr. 2009. Disponível em: <www.scielo.br/scielo.php?script=sci_arttext&pid=S1519-70772009000100005&lng=en&nrm=iso>. Acesso em: 7 maio 2018.

WOHLERS, M.; AUGUSTO, R. O. *Investimento e privatização das telecomunicações no Brasil*: dois vetores da mesma estratégia. 1998. Disponível em: <www.cepal.org/publicaciones/xml/0/4960/capv.pdf>. Acesso em: 7 maio 2018.

SOBRE OS AUTORES

BRENO BARLACH
Graduado em ciências sociais e mestre em ciência política pela Faculdade de Filosofia, Letras e Ciências Humanas da Universidade de São Paulo (FFLCH/USP), com passagem como pesquisador visitante no Departamento de Governo da Cornell University. Tem oito anos de experiência com pesquisa de mercado. Há dois anos, coordena projetos de pesquisa em impacto social na Plano CDE.

LAURO GONZALEZ
Professor da Escola de Administração de Empresas de São Paulo da Fundação Getulio Vargas (Eaesp/FGV) e coordenador do Centro de Estudos em Microfinanças e Inclusão Financeira da FGV. Foi professor visitante na Columbia University em 2014 e 2015 e na Université Paris-Dauphine entre 2013 e 2017. Suas áreas de interesse são inclusão financeira, microfinanças, habitação e políticas inclusivas.

MARIEL DEAK
Tem formação em ciências sociais pela Universidade de São Paulo (USP) e mestrado em administração pública e governo pela Fundação Getulio Vargas (FGV). Há mais de 10 anos atua na área de pesquisa aplicada, tanto em projetos acadêmicos como em empresas e no terceiro setor. Especializou-se em temas como mercados de baixa renda, pobreza, trabalho e políticas sociais. Atualmente é pesquisadora do Centro de Estudos em Administração Pública e Governo (CEAPG) da FGV.

MAURÍCIO DE ALMEIDA PRADO
Graduado e pós-graduado em administração de empresas pela Fundação Getulio Vargas (FGV), com mestrado em antropologia pela University Col-

lege London (UCL). Foi executivo de grandes empresas e sócio de uma agência de comunicação. Desde 2104 é diretor executivo da Plano CDE, onde lidera projetos de pesquisa e consultoria com foco em impacto social nas classes CDE para clientes como BID, Fundação Lemann, Itaú Social, Fundación Capital e JPMorgan Chase Foundation.

RAFAEL CAMELO
Graduado em economia pela FEARP/USP, com mestrado e doutorado em economia pela Escola de Economia de São Paulo (Eesp/FGV). Pesquisador da área de economia da educação, atuou como analista na Fundação Itaú Social, onde coordenou diversos estudos de avaliação de impacto, e como assessor técnico na Fundação Seade (Governo de São Paulo), onde coordenou estudos e avaliações em diversos campos sociais. Desde 2016, é diretor de planejamento e avaliação da Plano CDE.

VEVEU ARRUDA
José Clodoveu de Arruda Coelho Neto, Veveu Arruda, advogado, é professor de direito na Universidade Estadual Vale do Acaraú (UVA). Entre o período de 1997 e 20017 foi secretário da Cultura e Mobilização, vice-prefeito e prefeito de Sobral. Atualmente é pesquisador convidado na Columbia University (NYC).

AGRADECIMENTOS

Os autores gostariam de agradecer às pessoas que colaboraram para que se chegasse à versão final deste livro. Fernanda Lima, Frederic De Mariz, Ivy Moraes, Juliano Spyer e Mirena Brito comentaram versões anteriores do manuscrito e, dentro dos temas com os quais lidam, levantaram pontos importantes para o aperfeiçoamento do texto.